AUTISMO

- Scuola secondaria di primo grado -

**Guida teorico-pratica
per insegnanti**

TERESA MERILEI

Autismo. Guida teorico-pratica per insegnanti. Scuola secondaria di primo grado.

A cura di **DinamicaMente**
www.dinamicamentescuola.com

Grafica di copertina: DinamicaMente

Per informazioni, segnalazioni o suggerimenti scrivere a:
info@dinamicamentescuola.com

Siamo lieti di ricevere commenti costruttivi, proposte di miglioramento o richieste di approfondimento sui temi trattati. Ogni contributo aiuta a rendere le nostre pubblicazioni sempre più utili ai docenti e alle scuole.

Se conoscessimo il mistero dell'altro,
anche per un solo istante, tutto cambierebbe.
La diversità non è una distanza, ma una chiave.

- Anonimo –

INDICE

L'autismo nel contesto scolastico

Negli ultimi anni, il numero di studenti con disturbi dello spettro autistico (DSA) inseriti nel contesto scolastico è aumentato significativamente, grazie a una maggiore sensibilizzazione, al miglioramento degli strumenti diagnostici e a politiche educative più inclusive. Tuttavia, l'autismo continua a rappresentare una sfida per gli insegnanti, chiamati a costruire percorsi didattici capaci di rispondere alle esigenze di tutti gli studenti, rispettando la complessità di ciascun individuo.

Questo volume nasce per supportare i docenti della scuola secondaria di primo grado nell'affrontare le specificità dell'autismo in aula. Non si propone come un manuale esaustivo, ma come una guida pratica e concreta, con esempi, strumenti e strategie pronti per essere utilizzati nel quotidiano scolastico. Il nostro obiettivo è aiutare gli insegnanti a comprendere meglio l'autismo e a creare un ambiente che favorisca il successo scolastico e personale di questi studenti, senza trascurare il benessere della classe nel suo insieme.

Secondo le stime più recenti, l'autismo colpisce circa 1 bambino su 100 a livello mondiale, con una prevalenza in costante crescita. In Italia, i dati indicano che circa il 2-3% degli studenti presenta una diagnosi di disturbo dello spettro autistico. È importante sottolineare che questi numeri non rappresentano solo statistiche, ma raccontano storie uniche, ciascuna con le proprie sfide e opportunità. Dietro ogni cifra ci sono studenti che hanno bisogno di essere accolti, compresi e valorizzati nel loro percorso educativo.

La presenza di studenti con autismo nelle scuole non è un'eccezione, ma una realtà quotidiana che richiede interventi mirati e consapevoli. Le difficoltà non sono legate solo alla didattica, ma anche alla comunicazione, alla socializzazione e alla gestione delle emozioni, elementi che influenzano profondamente la loro esperienza scolastica. Questo rende fondamentale per gli insegnanti acquisire competenze specifiche e strumenti pratici per affrontare queste sfide in modo efficace.

Intervenire precocemente può fare la differenza nella vita di uno studente con autismo. La scuola è uno dei primi contesti in cui le difficoltà legate all'autismo emergono chiaramente: problemi di comunicazione, isolamento sociale, difficoltà a seguire le routine scolastiche o a gestire ambienti rumorosi sono segnali che non possono essere ignorati. Riconoscere tempestivamente questi segnali consente di attivare strategie personalizzate, costruire alleanze con le famiglie e lavorare in sinergia con specialisti per offrire il supporto necessario. Una scuola che risponde con prontezza e competenza non solo contribuisce al successo scolastico di questi studenti, ma promuove un ambiente inclusivo, dove ogni alunno può sentirsi accolto e valorizzato.

Con questa guida, ci auguriamo di accompagnare gli insegnanti nel loro percorso, offrendo una bussola per orientarsi nel mondo complesso e affascinante dell'autismo, con il desiderio di fare della scuola un luogo in cui tutti possano crescere e apprendere insieme.

reazioni di fuga o irritabilità. Al contrario, l'iposensibilità può portarli a cercare stimoli intensi, come toccare ripetutamente superfici ruvide o spingersi verso oggetti luminosi. Queste difficoltà sensoriali influenzano non solo il comfort e il benessere, ma anche la capacità di concentrarsi e partecipare attivamente alle attività scolastiche.

Queste caratteristiche si manifestano in modo unico in ogni individuo, rendendo fondamentale un approccio personalizzato che tenga conto delle specificità di ciascuno.

Cause genetiche, ambientali e neurobiologiche

Le cause dell'autismo sono complesse e multifattoriali, coinvolgendo una combinazione di elementi genetici, ambientali e neurobiologici. Sebbene non esista una causa unica, gli studi scientifici hanno identificato diversi fattori che contribuiscono a determinare il disturbo.

- **Fattori genetici:** la ricerca ha evidenziato una forte componente ereditaria nell'autismo. Mutazioni o variazioni in determinati geni, come quelli coinvolti nella regolazione dello sviluppo cerebrale e della connettività neuronale, possono aumentare significativamente il rischio di sviluppare disturbi dello spettro autistico. In alcuni casi, si riscontrano sindromi genetiche specifiche associate all'autismo, come la sindrome dell'X fragile o la sindrome di Rett. Tuttavia, non tutte le persone con autismo presentano queste mutazioni, a conferma della complessità genetica del disturbo.

- **Fattori ambientali:** diversi studi hanno suggerito che alcune condizioni durante la gravidanza o i primi anni di vita possono influenzare lo sviluppo neurologico, aumentando il rischio di autismo. Tra i fattori ambientali più studiati ci sono complicazioni prenatali, come la nascita prematura, l'ipossia (mancanza di ossigeno durante il parto) e l'infezione materna durante la gravidanza. Anche l'esposizione a sostanze tossiche, come pesticidi o inquinanti atmosferici, può avere un impatto sullo sviluppo del sistema nervoso centrale.

- **Fattori neurobiologici:** molte ricerche hanno riscontrato differenze strutturali e funzionali nel cervello delle persone con autismo. Alterazioni nella corteccia cerebrale, nei gangli della base e nel sistema limbico suggeriscono un'organizzazione atipica del cervello fin dalle prime fasi dello sviluppo. Inoltre, anomalie nella connettività tra diverse aree cerebrali possono spiegare le difficoltà nell'integrazione sensoriale e nella regolazione delle risposte emotive e comportamentali. Questi fattori neurobiologici evidenziano come l'autismo sia una condizione radicata nei processi di sviluppo neurologico.

È importante sottolineare che l'autismo non è causato da fattori esterni come lo stile genitoriale o la vaccinazione, credenze ormai ampiamente smentite dalla comunità scientifica.

Diagnosi clinica: criteri diagnostici e principali strumenti

La diagnosi di autismo è un processo complesso che richiede un'approfondita valutazione clinica. I criteri diagnostici si basano sul **Manuale Diagnostico e Statistico dei Disturbi Mentali (DSM-5)**, che definisce l'autismo attraverso difficoltà persistenti nella comunicazione sociale e la presenza di comportamenti ripetitivi e interessi ristretti.

Gli strumenti più utilizzati per la diagnosi includono:

- **Osservazioni cliniche:** rappresentano uno strumento fondamentale per valutare direttamente il comportamento e le interazioni sociali del bambino o dell'adolescente. Durante queste osservazioni, lo specialista analizza aspetti quali la capacità di stabilire contatti visivi, rispondere a stimoli sociali, partecipare a giochi simbolici e adattarsi a nuove situazioni.

L'obiettivo è comprendere come lo studente si relaziona al suo ambiente e alle persone che lo circondano.

- **Questionari e interviste**: strumenti come l'**ADI-R** (Autism Diagnostic Interview-Revised) raccolgono informazioni approfondite da genitori, insegnanti e figure che interagiscono quotidianamente con lo studente. Questo strumento esplora aree chiave come le competenze comunicative, le interazioni sociali e i comportamenti ripetitivi o ristretti, offrendo una panoramica dettagliata delle difficoltà riscontrate.

- **Test standardizzati**: il più comune è l'**ADOS** (Autism Diagnostic Observation Schedule), un protocollo strutturato che valuta comportamenti specifici legati all'autismo in un contesto controllato. Questo test prevede attività che mirano a suscitare risposte sociali, comunicative e comportamentali, permettendo di identificare con maggiore precisione segnali rilevanti del disturbo.

La diagnosi precoce, idealmente entro i primi anni di vita, consente di avviare interventi tempestivi, ma è importante notare che molti studenti ricevono la diagnosi solo durante il percorso scolastico, rendendo il ruolo degli insegnanti cruciale nell'identificazione dei primi segnali.

Questo quadro generale fornisce una base scientifica per comprendere l'autismo e il suo impatto sugli studenti, aprendo la strada a strategie educative più consapevoli e mirate.

1.2 Riconoscere l'autismo in classe

Riconoscere l'autismo in classe richiede uno sguardo attento e una comprensione profonda delle sue manifestazioni. Poiché ogni studente sullo spettro autistico è unico, i segnali possono variare notevolmente, sia in intensità che in modalità. Questo sottocapitolo fornisce una guida pratica per identificare i comportamenti più comuni e distinguere tra le difficoltà sociali tipiche e quelle specifiche dell'autismo.

Segnali comuni e comportamenti tipici nei diversi livelli di supporto

Gli studenti con autismo possono presentare una vasta gamma di segnali e comportamenti che variano in base al livello di supporto di cui necessitano, come delineato nel **DSM-5**. Questa classificazione riflette la complessità e l'eterogeneità dello spettro autistico, riconoscendo che non esiste un unico modo di essere autistici.

Nel contesto scolastico, i segnali possono includere difficoltà sociali, comunicative e comportamentali, che si manifestano in modi diversi a seconda delle capacità individuali e delle richieste ambientali. Alcuni studenti possono avere bisogno di un supporto intensivo per affrontare anche le attività quotidiane di base, mentre altri potrebbero apparire quasi del tutto autonomi, mostrando solo lievi difficoltà in situazioni specifiche.

È importante sottolineare che queste manifestazioni non sono statiche: il loro impatto può variare a seconda della giornata, dell'ambiente e della qualità del supporto ricevuto. Ad esempio, un ragazzo che comunica con facilità in un contesto tranquillo potrebbe avere difficoltà a esprimersi in un ambiente rumoroso o affollato. Allo stesso modo, un cambiamento imprevisto nella routine può rappresentare una sfida significativa per alcuni studenti, causando reazioni che vanno dall'ansia al rifiuto di partecipare alle attività scolastiche.

Questa variabilità rende fondamentale per gli insegnanti comprendere le caratteristiche comuni, ma anche essere pronti a riconoscere e adattarsi alle esigenze specifiche di ciascun alunno con autismo. Riportiamo di seguito le manifestazioni più comuni che possono emergere a scuola, suddivise in tre livelli principali di supporto.

Livello 1: Supporto lieve (autonomia parziale)

- **Comunicazione:** utilizza un linguaggio verbale adeguato ma può non cogliere il tono, l'ironia o il linguaggio figurato.
- **Socialità:** mostra difficoltà a iniziare o mantenere una conversazione e tende a concentrarsi su argomenti di interesse personale senza considerare l'interlocutore.
- **Comportamenti:** insiste su routine specifiche, ad esempio sedersi sempre nello stesso posto, e può avere difficoltà a gestire cambiamenti improvvisi.

Livello 2: Supporto moderato

- **Comunicazione:** il linguaggio è più limitato, con frasi brevi o ripetitive. Può usare supporti visivi per esprimersi.
- **Socialità:** interagisce con i pari solo quando guidato dall'insegnante o facilitato in attività strutturate.
- **Comportamenti:** presenta stereotipie motorie (come dondolarsi o battere le mani) e maggiore sensibilità agli stimoli sensoriali.

Livello 3: Supporto intenso

- **Comunicazione:** non verbale o utilizza dispositivi di comunicazione assistita (come tablet con immagini).
- **Socialità:** raramente interagisce spontaneamente e preferisce attività individuali.
- **Comportamenti:** reagisce in modo significativo a stimoli sensoriali fastidiosi, come rumori forti, con crisi di pianto o agitazione.

Questa variabilità sottolinea l'importanza di personalizzare il supporto educativo per rispondere ai bisogni specifici di ogni studente.

Differenze tra comportamento atipico e difficoltà sociali tipiche

Distinguere un comportamento legato all'autismo da una difficoltà sociale tipica dell'età adolescenziale è essenziale per adottare interventi adeguati e non fraintendere le necessità degli studenti. Le difficoltà sociali tipiche dell'adolescenza, come la timidezza o il desiderio di appartenenza a un gruppo, sono spesso temporanee e legate alla ricerca di identità o all'adattamento ai cambiamenti fisici ed emotivi. Gli studenti possono mostrare insicurezze nel fare nuove amicizie o preferire il silenzio in situazioni nuove, ma mantengono una certa flessibilità nel tempo e tendono a migliorare con il sostegno e l'esperienza.

Al contrario, i comportamenti legati all'autismo sono più radicati e specifici. Per esempio, un alunno con autismo potrebbe evitare sistematicamente il contatto visivo o le interazioni sociali perché non riesce a decodificare le intenzioni altrui, non per semplice timidezza. Inoltre, potrebbe non percepire le regole implicite delle conversazioni o le dinamiche di gruppo, causando malintesi o isolamento, anche se desidera partecipare.

Queste differenze non sono sempre evidenti e richiedono una lettura attenta del contesto, della frequenza e della coerenza dei comportamenti, oltre a un approccio empatico e personalizzato.

COMPORTAMENTO ATIPICO (AUTISMO)	DIFFICOLTÀ SOCIALI TIPICHE
Il **contatto visivo** *è evitato attivamente.*	*Il contatto visivo può essere sporadico ma presente.*
Le **interazioni sociali** *sono rigide e poco adattive, anche in situazioni guidate.*	*Le difficoltà relazionali sono più marcate in contesti nuovi ma migliorano con il tempo.*
Interessarsi agli *altri è limitato o assente; preferisce interagire con oggetti o argomenti specifici.*	*Può esserci interesse per i pari, anche se espresso in modo timido o goffo.*

La difficoltà nel **comprendere le emozioni altrui** è persistente e non migliora con il contesto o il supporto.	La difficoltà nel comprendere le emozioni altrui può essere temporanea e migliorare con il feedback degli adulti.
Reazione intensa e prolungata a un **cambiamento**, con ansia marcata o comportamenti oppositivi.	Può esserci contrarietà iniziale al cambiamento, ma adattamento progressivo con il tempo.

Errori comuni nell'interpretazione dei segnali

Molti segnali dell'autismo possono essere mal interpretati, portando a interventi inadeguati. Questa tabella riassume gli errori più frequenti nell'interpretazione dei comportamenti, evidenziando la percezione errata rispetto alla realtà del comportamento osservato.

ERRORE COMUNE	SPIEGAZIONE
Interpretare il **silenzio** come mancanza di interesse o rifiuto.	Lo studente potrebbe non sapere come partecipare o trovare il compito troppo complesso.
Considerare le **stereotipie** come un "comportamento problematico" da eliminare.	Le stereotipie sono spesso un meccanismo di autoregolazione.
Pensare che la **difficoltà a seguire istruzioni** verbali sia dovuta a disattenzione.	Potrebbe dipendere da una difficoltà a processare informazioni complesse.
Reagire alle **crisi emotive** improvvise (meltdown) con rimproveri o punizioni.	I meltdown non sono capricci, ma crisi emotive dovute a sovraccarico sensoriale o emotivo.

Questa sezione offre strumenti per individuare l'autismo in classe con maggiore consapevolezza, evitando malintesi che potrebbero compromettere il rapporto educativo e il benessere degli studenti. Riconoscere precocemente questi segnali è il primo passo per offrire un ambiente inclusivo e favorevole all'apprendimento.

CAPITOLO 2

Strategie didattiche e pratiche

2.1 Approcci generali per la classe

Gestire efficacemente una classe che accoglie studenti con autismo implica l'adozione di interventi che vanno oltre il supporto individuale, coinvolgendo l'intero ambiente di apprendimento. Un ambiente ben organizzato, prevedibile e che favorisca la regolazione emotiva e sensoriale può non solo ridurre l'ansia degli studenti con autismo, ma anche migliorare la loro partecipazione e il benessere di tutta la classe. L'approccio globale al contesto scolastico, quindi, risulta essenziale per garantire un'esperienza inclusiva e favorevole per ogni alunno.

Strutturazione dell'ambiente di apprendimento

Un ambiente ordinato e prevedibile è fondamentale per ridurre l'ansia negli studenti con autismo, che tendono a sentirsi più sicuri in presenza di routine definite e spazi ben strutturati. Ecco alcune azioni pratiche per favorire questa condizione:

- **Organizzazione fisica della classe:**

- **Zone specifiche:** suddividere lo spazio in aree definite (ad esempio, una zona per il lavoro individuale, una per le attività di gruppo e una per il rilassamento). Questo aiuta gli studenti a capire dove svolgere ogni attività.
- **Spazi ridotti:** offrire una postazione tranquilla e priva di distrazioni, dove lo studente può ritirarsi in caso di sovraccarico sensoriale.
- **Segnali visivi:** utilizzare marcatori visivi come etichette, colori o simboli per identificare chiaramente le diverse zone della classe.

- **Routine chiare e prevedibili:**

  - Creare un **orario visivo** quotidiano che mostri le attività pianificate, con immagini o simboli per studenti non lettori. Questo strumento aiuta a preparare lo studente ai cambiamenti, riducendo il rischio di crisi.
  - Seguire una **sequenza regolare per le transizioni**, annunciandole con anticipo. Ad esempio: "Fra cinque minuti passeremo all'attività successiva".

- **Minimizzazione delle distrazioni sensoriali:**

  - Limitare gli **stimoli visivi** eccessivi, come poster troppo colorati o oggetti appesi in movimento.
  - Ridurre i **rumori di fondo**, magari utilizzando tappeti o pannelli fonoassorbenti.

Strategie per favorire la regolazione emotiva e sensoriale

Gli studenti con autismo possono avere difficoltà a gestire le proprie emozioni e a regolare le risposte agli stimoli sensoriali. Ecco alcune strategie utili per l'intera classe:

- **Creazione di spazi sicuri per la regolazione emotiva.**
  Allestire un'area dedicata al rilassamento con materiali come cuscini, libri illustrati, oggetti antistress o strumenti sensoriali

(come palline morbide). Questa zona può essere utilizzata da tutti gli studenti, favorendo l'inclusione.

- **Insegnare strategie di autoregolazione:**
  - Introdurre **tecniche di rilassamento**, come respirazione profonda, stretching leggero o brevi pause di mindfulness. Queste attività possono essere praticate con l'intera classe, rendendole accessibili a tutti.
  - Fornire **supporti visivi**, come una "scala delle emozioni", aiuta gli studenti a identificare e gestire i propri stati emotivi. Questa scala, composta da immagini o simboli, permette di riconoscere le emozioni e collegarle a risposte appropriate, riducendo la difficoltà di espressione verbale e promuovendo l'autoregolazione.

- **Adattamenti sensoriali:**
  - Integrare nella classe **strumenti** che aiutino a soddisfare le esigenze **sensoriali** degli studenti, come sedie a dondolo, cuscini dinamici o oggetti da manipolare (fidget tools).
  - Permettere l'uso di **cuffie antirumore** per chi è sensibile ai suoni intensi.

- **Pause strutturate:**
  - Programmare **brevi pause** durante la giornata scolastica per consentire agli studenti di muoversi o rilassarsi, evitando il sovraccarico emotivo o sensoriale.
  - Introdurre **pause sensoriali** programmate per gli studenti che ne traggono beneficio, come esercizi motori o attività con materiali tattili.

L'adozione di queste strategie non solo supporta gli studenti con autismo, ma migliora il clima dell'intera classe, promuovendo un ambiente di apprendimento più accogliente e rispettoso delle differenze. Tali interventi, pur progettati per rispondere alle necessità specifiche, diventano risorse utili a tutti gli studenti, contribuendo a un'esperienza scolastica più positiva per l'intero gruppo.

2.2 Strategie specifiche per il disturbo

Le strategie didattiche specifiche per gli studenti con autismo mirano a rispondere direttamente alle loro esigenze particolari, favorendo l'acquisizione di competenze sociali e comunicative, migliorando la comprensione delle attività scolastiche e l'organizzazione del lavoro. Questi approcci sono fondamentali per facilitare l'inclusione e il successo scolastico degli studenti con disturbi dello spettro autistico.

Insegnare competenze sociali e comunicative

Gli studenti con autismo spesso incontrano difficoltà nelle interazioni sociali, comprendendo le dinamiche relazionali in modo diverso. È quindi essenziale insegnare loro competenze sociali in modo diretto e strutturato. Un approccio efficace è l'uso di **modelli comportamentali** (ad esempio, il metodo delle "role-playing"), che permettono agli studenti di praticare in modo sicuro situazioni sociali.

Inoltre, l'insegnamento di **abilità comunicative** va oltre l'uso del linguaggio verbale: bisogna lavorare su strategie alternative come l'uso di gesti, impostazione di frasi semplici e chiare e, se necessario, l'utilizzo di comunicazione aumentativa e alternativa (CAA), come dispositivi o app che facilitano la comunicazione.

Un altro approccio utile consiste nel fornire esempi concreti di **regole sociali** (ad esempio, "guardare negli occhi quando parli con qualcuno" o "ascoltare quando qualcun altro parla") e spiegare chiaramente **le aspettative comportamentali**. Questi insegnamenti devono essere praticati e ripetuti regolarmente, in modo che l'alunno possa interiorizzare le abilità e usarle in contesti diversi.

Suddivisione delle attività e utilizzo di supporti visivi

Gli studenti con autismo spesso si sentono sopraffatti da attività complesse o da compiti che richiedono un lungo periodo di attenzione. Per facilitare la loro comprensione e partecipazione, è importante suddividere le **attività in passi più piccoli e gestibili**, dando loro tempo per assimilare ogni parte del compito prima di passare alla successiva. Per esempio, in una lezione di matematica, suddividere una lunga serie di calcoli in singole operazioni da completare una alla volta.

Un altro strumento fondamentale in questo processo sono i **supporti visivi**, che forniscono una guida tangibile e chiara. Possono includere diagrammi, mappe concettuali, schemi passo-passo o checklist visive che indicano le fasi da seguire. Questi supporti riducono l'incertezza, favorendo un maggiore coinvolgimento e indipendenza, e aiutano a mantenere la concentrazione. Inoltre, i **timer visivi** possono essere utilizzati per segnalare il tempo rimanente per completare un'attività, migliorando la gestione del tempo e riducendo l'ansia legata alle scadenze.

Adattamenti per la comprensione e l'organizzazione delle attività

Gli studenti con autismo possono avere difficoltà a comprendere **istruzioni verbali complesse** o sequenze non strutturate. Gli adattamenti per la comprensione delle attività devono includere l'uso di linguaggio semplice, evitando frasi troppo lunghe o ambigue. Le istruzioni devono essere date in modo chiaro, utilizzando un linguaggio diretto e preciso, e accompagnate da esempi pratici.

Per migliorare l'organizzazione del lavoro, si possono implementare tecniche come il **dividere i compiti** in sotto-attività, usando agende visive o mappe temporali, che aiutano gli studenti a visualizzare ciò che devono fare in ogni momento. Inoltre, una buona organizzazione dello spazio in classe, che includa aree designate per attività specifiche, contribuisce a creare un ambiente più prevedibile e meno disorientante.

Infine, l'utilizzo di **tecniche di rinforzo positivo** per premiare i comportamenti appropriati può motivare ulteriormente gli studenti a seguire le istruzioni e completare le attività in modo adeguato.

2.3 Monitoraggio e valutazione del progresso

Il monitoraggio e la valutazione del progresso degli studenti con autismo sono essenziali per garantire che stiano ricevendo il supporto necessario e che possano progredire nel loro percorso educativo. Poiché gli studenti con autismo presentano bisogni e modalità di apprendimento diverse, è fondamentale utilizzare metodi specifici per valutare il loro benessere, i progressi e l'efficacia delle strategie didattiche implementate.

Metodi per monitorare il benessere e i progressi degli studenti con autismo

Il monitoraggio dei progressi degli studenti con autismo richiede approcci continui e mirati. Alcuni dei metodi più efficaci includono:

- **Osservazione diretta:** l'osservazione regolare del comportamento e delle interazioni sociali degli studenti in classe è uno degli strumenti più utili per monitorare i progressi. Osservare se l'alunno riesce a seguire le routine quotidiane, partecipare alle attività sociali e mantenere comportamenti appropriati aiuta a capire se le strategie di supporto stanno funzionando. È importante documentare ogni progresso, anche se piccolo, e annotare eventuali regressioni o difficoltà.

- **Schede di osservazione:** le schede strutturate possono essere utilizzate per registrare comportamenti specifici legati al disturbo dello spettro autistico, come la capacità di interazione sociale, la risposta ai cambiamenti, l'autoregolazione emotiva e la gestione della frustrazione. Questi strumenti permettono di raccogliere dati in modo sistematico, che possono essere poi utilizzati per adattare le strategie didattiche.

- **Interviste periodiche:** condurre interviste con gli insegnanti, il personale di supporto e, quando possibile, i genitori, aiuta a raccogliere informazioni da diverse prospettive. Queste informazioni possono essere utili per monitorare i cambiamenti nel comportamento e nelle abilità sociali e accademiche.

- **Diari di apprendimento:** i diari possono essere un modo utile per raccogliere informazioni dettagliate sugli progressi quotidiani dell'alunno. Gli insegnanti possono annotare come lo studente risponde a diverse attività, evidenziando successi e aree che richiedono maggiore attenzione.

- **Verifica del benessere emotivo:** monitorare lo stato emotivo dell'alunno è cruciale, poiché lo stress o l'ansia possono interferire con l'apprendimento. Utilizzare strumenti come la "scala delle emozioni", o semplicemente osservare cambiamenti (ad esempio, aumento di comportamenti di autosoccorso o crisi emotive), consente di intervenire tempestivamente per supportare il benessere dell'alunno.

Adattamenti nella valutazione e suggerimenti per verifiche

Gli studenti con autismo possono avere difficoltà nell'affrontare le tradizionali modalità di valutazione scolastica, come le prove scritte e le interrogazioni orali. Pertanto, è importante adattare il processo di valutazione per rispondere alle loro specifiche esigenze.

- **Valutazioni personalizzate:** adattare le modalità di verifica per ridurre l'ansia e favorire il successo dell'alunno è fondamentale. Questo può includere prove orali invece di quelle scritte, che permettono agli studenti di esprimere le loro conoscenze in modo più diretto. Le risposte possono essere fornite in modo verbale, tramite un assistente o utilizzando una comunicazione aumentativa, se necessario.

- **Prove con tempo esteso:** gli studenti con autismo possono aver bisogno di più tempo per completare le prove a causa delle difficoltà legate all'organizzazione del pensiero o alla gestione delle informazioni. È utile fornire tempo extra per le attività, assicurandosi che non vengano interrotti o sollecitati in modo da ridurre la pressione.

- **Valutazioni a piccoli passi:** suddividere le valutazioni in parti più piccole e gestibili può aiutare a mantenere la concentrazione e ridurre l'ansia. Ad esempio, invece di somministrare un test finale complesso, si possono prevedere verifiche su singole abilità o competenze, che vengono successivamente aggregate per ottenere un quadro complessivo del progresso.

- **Uso di supporti visivi e strutturati:** durante le prove, l'uso di supporti visivi, come schemi, mappe concettuali o guide passo-passo, può essere molto utile per gli studenti con autismo, che potrebbero lottare con la comprensione di istruzioni verbali complesse. Questi strumenti possono chiarire il processo da seguire e ridurre la confusione.

- **Rinforzi positivi:** durante e dopo le verifiche, è importante rinforzare i successi, anche quelli minori. Il rinforzo positivo aiuta a motivare gli studenti e a incoraggiarli a continuare a lavorare sulle aree di difficoltà. Ad esempio, un sistema di premi o punti per il completamento delle attività o per il raggiungimento di obiettivi specifici può essere un buon incentivo.

- **Feedback chiaro e tempestivo:** dopo ogni valutazione, è fondamentale fornire feedback specifico e costruttivo, che evidenzi i punti di forza e le aree da migliorare. Il feedback dovrebbe essere chiaro, diretto e comprensibile per lo studente, utilizzando un linguaggio semplice e concreto.

Questi adattamenti nella valutazione sono fondamentali per garantire che gli studenti con autismo abbiano pari opportunità di dimostrare le loro competenze e che i loro progressi vengano accuratamente monitorati e supportati.

CAPITOLO 3

Strumenti
e risorse

3.1 Strumenti compensativi

Gli strumenti compensativi sono risorse preziose per gli studenti con autismo, poiché li aiutano a superare le difficoltà legate all'organizzazione, alla gestione del tempo e all'espressione delle emozioni. Questi strumenti sono particolarmente utili perché offrono un supporto visivo e strutturato che facilita la comprensione e l'esecuzione delle attività scolastiche. Sono essenziali non solo per gli studenti con autismo, ma anche per favorire un ambiente di apprendimento più inclusivo, dove ogni alunno possa avere gli strumenti necessari per esprimere al meglio il proprio potenziale.

Un ambiente visivo ben strutturato e l'utilizzo di strumenti di pianificazione permettono agli studenti di orientarsi meglio nell'organizzazione della giornata scolastica e di ridurre l'ansia legata all'incertezza. Gli strumenti compensativi, se usati correttamente, possono favorire l'autonomia, migliorare la gestione del comportamento e ridurre il rischio di frustrazione dovuta a mancanza di chiarezza o di supporto

Strumenti visivi (agende visive, timer visivi, checklist)

Le **agende visive** sono uno degli strumenti più utili e utilizzati per supportare gli studenti con autismo nell'organizzazione della loro giornata. Questo strumento aiuta a stabilire una routine chiara e prevedibile, essenziale per ridurre l'ansia e aumentare il senso di sicurezza. L'agenda visiva può essere costituita da immagini o simboli che rappresentano le diverse attività quotidiane, come lezioni, pause o compiti. A mano a mano che la giornata si sviluppa, gli studenti possono "spuntare" le attività completate, il che consente loro di visualizzare i progressi e pianificare meglio le ore successive.

Il vantaggio principale di un'agenda visiva è che non solo consente agli studenti di prepararsi mentalmente per ciò che verrà dopo, ma aiuta anche a ridurre la difficoltà di transizione tra le attività. La consapevolezza di ciò che sta per accadere rende il cambiamento meno destabilizzante, soprattutto se gli studenti con autismo si trovano ad affrontare situazioni non familiari. Un ulteriore beneficio è che le agende visive possono essere personalizzate in base alle necessità individuali dello studente, con simboli o immagini che riflettono i suoi interessi o il suo stile di apprendimento.

Un altro strumento fondamentale per la gestione del tempo è il **timer visivo**. Gli studenti con autismo, in particolare quelli che hanno difficoltà a percepire il passare del tempo, traggono beneficio da dispositivi che visualizzano il tempo in modo concreto. Questi timer, che possono essere digitali o analogici, rappresentano graficamente la quantità di tempo rimasta per una determinata attività, utilizzando colori o animazioni che si riducono man mano che il tempo scorre.

Un timer visivo può essere utilizzato per attività di durata variabile, come compiti, momenti di pausa, o cambiamenti di transizione tra attività. Per esempio, se uno studente sa che ha 10 minuti per completare un compito, vedrà progressivamente diminuire una barra di colore o un cerchio che si svuota, dandogli un chiaro segno visivo che il tempo sta per scadere. Questo aiuta non solo a gestire meglio le aspettative, ma anche a ridurre l'ansia che può sorgere quando non si ha una percezione chiara di quanto manca per completare un'attività.

Le **checklist** sono un altro strumento utile per gli studenti con autismo, specialmente per quelli che potrebbero avere difficoltà a seguire una sequenza di attività senza un supporto visivo chiaro. Le checklist suddividono un compito complesso in passaggi più piccoli e gestibili, riducendo la possibilità di confusione e aumentando la probabilità di successo.

Per esempio, se uno studente deve completare un progetto in più fasi, una checklist fornirà un elenco ordinato di azioni da compiere. Accanto a ciascun passo si può aggiungere un'icona o un simbolo per rinforzare visivamente l'istruzione. Man mano che l'attività viene completata, lo studente può segnare o spuntare gli elementi completati, fornendo un senso di progressione e di controllo. Le checklist non solo sono utili per le attività scolastiche quotidiane, ma anche per gestire compiti più lunghi e complessi che richiedono più passaggi, come la preparazione di un progetto o la scrittura di un tema.

Materiali per l'organizzazione e la pianificazione scolastica

L'organizzazione e la pianificazione delle attività scolastiche sono aree cruciali in cui gli studenti con autismo possono trarre enorme vantaggio dall'uso di strumenti compensativi. Strumenti come planner, agende e tabelle di avanzamento sono molto efficaci nel promuovere una gestione più indipendente delle proprie attività.

I **planner settimanali**, ad esempio, possono essere utilizzati per stabilire un programma più ampio delle attività, permettendo agli studenti di avere una visione chiara della settimana. Questo è particolarmente utile per studenti che si sentono sopraffatti dalla quantità di compiti o dalla varietà di attività da gestire, poiché suddividere l'intera settimana in unità chiare e visibili consente di non sentirsi sopraffatti. I planner possono includere simboli per ogni materia o attività, contribuendo a facilitare la comprensione.

I contenitori e le cartelline etichettate sono un altro strumento importante per migliorare l'organizzazione fisica degli spazi di lavoro. Etichettare con simboli o parole i vari contenitori (per esempio, uno per la matematica, uno per la lettura, ecc.) aiuta gli studenti a tenere ordine e a sapere dove trovare ciò che serve. Questi strumenti non solo migliorano l'efficienza, ma contribuiscono anche a ridurre l'ansia legata al disordine o alla difficoltà di trovare il materiale giusto.

3.2 Tecnologie e software

Nel contesto dell'autismo, le tecnologie e i software offrono opportunità uniche per facilitare l'apprendimento, promuovere l'autonomia e migliorare le competenze sociali e comunicative. Le applicazioni digitali, i giochi interattivi e gli strumenti per la gestione del tempo e delle attività possono fungere da potenti alleati per gli studenti con autismo, supportando la personalizzazione dell'esperienza educativa in modo innovativo. L'uso di tecnologie integrate consente di coinvolgere gli studenti in modo più dinamico, grazie a interfacce visive e sensoriali che rispondono alle loro esigenze specifiche.

Applicazioni per lo sviluppo di competenze sociali e comunicative

Le competenze sociali e comunicative sono spesso un'area critica per gli studenti con autismo, e la tecnologia può svolgere un ruolo fondamentale nel favorire l'apprendimento di queste abilità. Esistono diverse applicazioni progettate per supportare gli studenti nell'identificazione, nella comprensione e nell'espressione delle emozioni, nonché nell'interazione sociale.

Una delle app più utilizzate è *Model Me Going Places*, che consente agli studenti di visualizzare situazioni sociali quotidiane, come andare al supermercato o incontrare nuove persone, in un formato visivo e interattivo. L'app mostra immagini e video che simulano interazioni sociali, permettendo agli studenti di comprendere meglio come comportarsi in contesti specifici e ridurre l'ansia legata a situazioni nuove o imprevedibili.

Altre applicazioni, come *The Social Express*, offrono un ambiente virtuale dove gli studenti possono partecipare a scenari sociali interattivi che li aiutano a imparare e praticare competenze sociali, come la lettura delle espressioni facciali, la gestione dei conflitti o il rispetto delle regole del gruppo. Queste app presentano scenari reali, stimolando gli studenti a riflettere sulle loro reazioni e a migliorare la loro comprensione delle dinamiche sociali.

Speech Blubs è un'altra app utile per lo sviluppo delle competenze comunicative, in particolare per gli studenti che hanno difficoltà nel linguaggio verbale. Utilizzando un approccio basato su giochi e imitazioni, l'app incoraggia gli studenti a pronunciare parole e frasi, migliorando la loro dizione e fluidità. Il formato ludico dell'app è particolarmente utile per mantenere alta la motivazione e stimolare l'apprendimento in modo piacevole.

Strumenti digitali per supportare l'apprendimento

Oltre ai supporti per lo sviluppo delle competenze sociali e comunicative, la tecnologia rappresenta una risorsa fondamentale per migliorare le capacità cognitive, l'organizzazione del lavoro e la gestione del comportamento in classe. Gli strumenti digitali sono particolarmente efficaci per personalizzare l'apprendimento, rispondendo alle specifiche difficoltà che gli studenti con autismo affrontano.

Tra gli strumenti più utili per l'organizzazione e la gestione del tempo, ci sono le applicazioni come *Google Keep, Trello* e *Notion*. Queste app consentono agli studenti di visualizzare le loro attività e i compiti, impostando scadenze e promemoria in modo chiaro e strutturato. Per gli studenti con autismo, la gestione del tempo può essere una sfida, ma con l'uso di timer visivi e notifiche, questi strumenti digitali aiutano a ridurre l'ansia legata all'incertezza e a rendere le routine quotidiane più prevedibili. In particolare, *Trello* e *Notion* permettono di creare bacheche interattive e liste di attività, con la possibilità di aggiungere descrizioni visive e allegare risorse, facilitando la comprensione delle aspettative e la pianificazione del lavoro.

Le piattaforme di apprendimento come **Khan Academy, Duolingo** o **Seesaw** offrono esercizi interattivi che consentono agli studenti di lavorare a proprio ritmo, ricevendo feedback immediati e supporto visivo. Questi strumenti sono particolarmente utili per gli studenti che necessitano di un apprendimento più autonomo e strutturato, con contenuti visualizzati in modo chiaro e sequenziale. Gli esercizi, suddivisi in piccoli passi e arricchiti da animazioni, aiutano a mantenere alta l'attenzione e a favorire una comprensione più profonda dei concetti.

Un'altra risorsa fondamentale è **Ghotit Real Writer**, un software pensato per supportare gli studenti con difficoltà linguistiche, particolarmente utile per quelli con autismo che hanno difficoltà nella scrittura. Ghotit offre suggerimenti per la correzione grammaticale e ortografica in tempo reale, aiutando gli studenti a migliorare la coerenza e la chiarezza dei loro testi, favorendo una maggiore autonomia nella produzione scritta.

Gli strumenti per la pianificazione visiva, come *MindMeister* e *Inspiration*, sono altre risorse digitali preziose. Queste applicazioni consentono agli studenti di creare mappe concettuali per organizzare idee e concetti, rendendo la struttura di compiti complessi più comprensibile. Le mappe concettuali digitali, facilmente modificabili, permettono agli studenti di aggiungere dettagli visivi che semplificano la comprensione e favoriscono un processo di apprendimento iterativo.

Un altro strumento utile è *Co:Writer*, un programma di scrittura assistita che offre predizione del testo e suggerimenti ortografici, progettato per ridurre lo stress legato alla scrittura e incoraggiare l'espressione verbale. Questo strumento rende la scrittura più fluida, aiutando gli studenti a superare le difficoltà legate alla produzione scritta, e può essere combinato con strumenti di lettura ad alta voce per un supporto completo.

Infine, l'uso di tablet e smartphone consente l'accesso a una vasta gamma di applicazioni didattiche che spaziano da lingue straniere a matematica, scienze e arte. Applicazioni come *SplashLearn* o *ABCmouse* offrono esercizi personalizzati che si adattano al livello di competenza dello studente, fornendo un ambiente di apprendimento ludico e interattivo. Questi strumenti possono essere utilizzati per rinforzare concetti specifici, migliorando l'apprendimento attraverso il gioco e il rinforzo positivo.

In sintesi, la tecnologia non solo fornisce supporti immediati, ma può anche creare un ambiente di apprendimento più coinvolgente e dinamico per gli studenti con autismo. La varietà di strumenti digitali disponibili permette di rispondere alle diverse esigenze educative, migliorando la gestione del tempo, l'organizzazione delle attività e l'autonomia nello studio. Questi strumenti contribuiscono significativamente a migliorare l'esperienza scolastica degli studenti con autismo, favorendo il loro sviluppo sociale, comunicativo e cognitivo.

3.3 Risorse per l'insegnante e la famiglia

Lavorare con studenti con autismo richiede un approccio collaborativo tra scuola e famiglia, supportato da risorse adeguate che affrontino sia le difficoltà sensoriali sia la necessità di una comunicazione efficace. Fornire materiali e strumenti pratici ai docenti e ai genitori è fondamentale per creare un ambiente scolastico e domestico che favorisca l'apprendimento e il benessere dello studente.

Materiali educativi e di supporto per la gestione delle difficoltà sensoriali

Molti studenti con autismo affrontano sfide legate all'ipersensibilità o iposensibilità sensoriale. Questi materiali e risorse possono essere introdotti nell'ambiente scolastico e domestico con il supporto di insegnanti e famiglie, per aiutare gli studenti a gestire meglio tali difficoltà e a sentirsi più a proprio agio nelle attività quotidiane:

- **Strumenti per la regolazione sensoriale:** oggetti come fidget spinner, cubi antistress, palline di gomma, o tessuti sensoriali (ad esempio, stoffe con diverse texture) sono utili per aiutare lo studente a mantenere la concentrazione e ridurre l'ansia. Questi strumenti possono essere introdotti in classe o a casa durante le attività che richiedono un alto livello di attenzione.

- **Cuffie antirumore:** per studenti con sensibilità uditiva, cuffie antirumore possono ridurre il sovraccarico sensoriale, soprattutto in ambienti rumorosi come le mense o durante gli intervalli. È utile identificare i momenti critici in cui utilizzarle, evitando un uso eccessivo che potrebbe influenzare l'adattamento ai suoni ambientali.

- **Zone sensoriali tranquille:** creare in aula (o a casa) un angolo dedicato alla regolazione sensoriale può essere estremamente utile. Questo spazio può includere cuscini per il rilassamento, tappeti morbidi e materiali visivi calmanti (come lampade a bolle o luci soffuse). Un'area di questo tipo fornisce allo studente un luogo sicuro per autorilassarsi nei momenti di stress.

- **Materiali visivi per la regolazione emozionale:** le carte delle emozioni, che mostrano volti con espressioni differenti, aiutano gli studenti a identificare e comunicare il proprio stato emotivo. Possono essere combinate con strumenti come i termometri delle emozioni, che permettono di monitorare il livello di disagio e decidere le strategie di autoregolazione più appropriate.

Linee guida per una comunicazione efficace scuola-famiglia

Una comunicazione chiara e costante tra insegnanti e genitori è essenziale per affrontare le sfide dell'autismo in modo coordinato. Per garantire che entrambe le parti siano allineate, è utile adottare strategie ben definite:

- **Diario scuola-famiglia:** un quaderno o agenda condivisa è uno strumento pratico per documentare i progressi dello studente, eventuali difficoltà incontrate e le strategie messe in atto. Il diario deve essere semplice da compilare, con sezioni dedicate a note sul comportamento, obiettivi giornalieri e suggerimenti per interventi a casa o a scuola.

- **Riunioni regolari:** programmare incontri mensili o trimestrali tra insegnanti e genitori permette di monitorare i progressi e affrontare eventuali preoccupazioni in modo tempestivo. Questi incontri dovrebbero includere discussioni su ciò che funziona bene e su eventuali modifiche necessarie alle strategie.

- **Uso di strumenti digitali:** piattaforme come *ClassDojo* o *Seesaw* facilitano una comunicazione continua e immediata tra insegnanti e famiglie. Queste app consentono di condividere aggiornamenti, fotografie di attività svolte a scuola, obiettivi settimanali e note comportamentali, promuovendo un'interazione più fluida.

- **Formazione per i genitori:** offrire workshop o risorse scritte sulla gestione delle difficoltà sensoriali e sull'uso di strategie comportamentali a casa può migliorare la coerenza degli interventi tra scuola e famiglia. Ad esempio, spiegare come utilizzare il rinforzo positivo o implementare routine prevedibili a casa può aiutare i genitori a sostenere meglio i progressi scolastici del bambino.

- **Schede di comunicazione visiva:** per gli studenti con difficoltà verbali, creare e condividere tra casa e scuola schede con immagini o simboli rappresentativi di oggetti, emozioni o attività, facilita la comunicazione. Questo strumento aiuta i genitori e gli insegnanti a interpretare meglio i bisogni dello studente.

CAPITOLO 4

Interventi:
cosa fare e cosa no

Questo capitolo offre un supporto pratico agli insegnanti nella gestione dei comportamenti problema più frequenti tra gli studenti con autismo. Ogni comportamento è analizzato per fornire strategie dirette e consigli operativi, accompagnati da indicazioni su cosa evitare per non aggravare la situazione.

L'approccio è pensato per aiutare gli insegnanti a rispondere con prontezza e consapevolezza, promuovendo un clima scolastico sereno e rispettoso delle necessità di tutti. Grazie a una struttura chiara e immediata, questa sezione si presta a essere consultata rapidamente anche nelle situazioni più impegnative, rappresentando un punto di riferimento essenziale per chi lavora ogni giorno a stretto contatto con studenti con autismo.

Molti studenti con autismo evitano il contatto visivo o interazioni sociali per diverse ragioni, tra cui difficoltà nell'interpretare segnali sociali, ansia sociale o ipersensibilità sensoriale. Questo comportamento non deve essere interpretato come disinteresse o rifiuto verso gli altri, ma piuttosto come una strategia per gestire situazioni percepite come stressanti o opprimenti.

✓ **Creare opportunità di interazione strutturata:** organizza attività che richiedano un coinvolgimento sociale minimo ma significativo, come giochi di gruppo con regole chiare.

✓ **Usare mediatori sociali:** favorisci l'interazione con compagni empatici che possano agevolare la comunicazione senza forzature.

✓ **Rispettare i tempi dello studente:** dai spazio e tempo affinché si senta pronto a interagire, senza esercitare pressioni immediate.

✓ **Incorporare interessi personali:** utilizza temi o attività legate ai suoi interessi per stimolare la partecipazione e l'interazione.

 COSA NO :

✗ **Forzare il contatto visivo:** insistere affinché guardi direttamente negli occhi può aumentare il disagio.

✗ **Isolare completamente:** evitare che partecipi ad attività di gruppo lo priva di opportunità sociali graduali e adattive.

✗ **Etichettare il comportamento come "sbagliato":** giudizi negativi possono peggiorare la sua autostima e aumentare il ritiro sociale.

✗ **Ignorare segnali di sovraccarico:** se manifesta stress durante l'interazione, intervieni per aiutarlo a gestire la situazione.

Il mancato rispondere al proprio nome o alle chiamate dell'insegnante può essere dovuto a una difficoltà nel processare i segnali verbali, a problemi di attenzione o a un'immersione completa in un'attività che rende difficile spostare il focus. In alcuni casi, potrebbe anche essere un modo per evitare situazioni percepite come stressanti o poco chiare.

 **COSA FARE:**

✓ **Assicurarsi che lo studente sia consapevole di essere chiamato:** posizionati nel suo campo visivo e usa un tono calmo ma deciso per richiamare la sua attenzione.

✓ **Utilizzare segnali visivi o tattili:** accompagna la chiamata del nome con un gesto, come un cenno della mano, o un tocco lieve sulla spalla (se tollerato).

✓ **Dare istruzioni chiare e brevi:** fornisci indicazioni semplici che siano facili da comprendere e processare.

✓ **Premiare la risposta:** rinforza positivamente il comportamento quando risponde, con un sorriso, un ringraziamento o un piccolo elogio.

 **COSA NO :**

✗ **Ripetere il nome troppe volte:** insistere eccessivamente può creare confusione o stress aggiuntivo.

✗ **Alzare la voce:** usare un tono alto o arrabbiato può essere percepito come un rimprovero e aumentare il disagio.

✗ **Etichettare come "maleducato" o "disinteressato":** evita giudizi negativi che potrebbero ridurre la sua autostima.

✗ **Ignorare il comportamento:** non rispondere quando viene chiamato può segnalare difficoltà specifiche che richiedono supporto, non trascurarle.

Gli studenti con autismo possono avere difficoltà a comprendere le convenzioni sociali e a interpretare correttamente i segnali non verbali, come il tono di voce o le espressioni facciali. Questo può portare a comportamenti atipici, come interrompere spesso, parlare solo dei propri interessi o non rispettare gli spazi personali degli altri. Questi comportamenti non sono intenzionalmente inappropriati ma derivano da una diversa percezione delle dinamiche sociali.

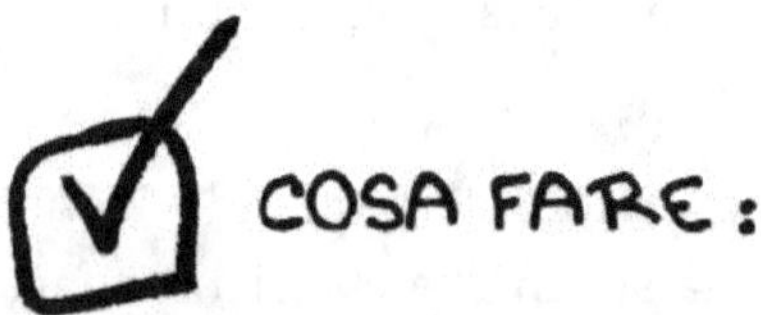

COSA FARE :

✓ **Insegnare le regole sociali esplicitamente:** utilizza scenari simulati o storie sociali per spiegare e modellare i comportamenti sociali appropriati.

✓ **Incoraggiare interazioni guidate:** organizza attività strutturate dove lo studente possa interagire con i compagni con il supporto di un adulto o di un pari tutor.

✓ **Utilizzare rinforzi positivi:** premia i comportamenti sociali appropriati, anche con semplici elogi o premi simbolici.

✓ **Facilitare le relazioni con compagni comprensivi:** favorisci l'interazione con studenti che mostrano empatia e pazienza, riducendo il rischio di fraintendimenti o esclusioni.

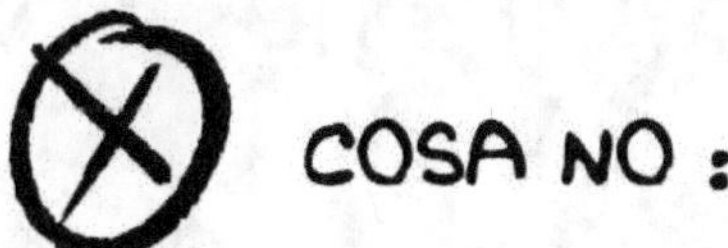

COSA NO :

✗ **Forzare interazioni non volute:** obbligare lo studente a partecipare a situazioni sociali può aumentare l'ansia e portare a un rifiuto.

✗ **Punire comportamenti inappropriati:** invece di sanzionare, cogli l'opportunità per insegnare il comportamento corretto.

✗ **Aspettarsi cambiamenti immediati:** lo sviluppo delle abilità sociali richiede tempo e pratica; sii paziente e costante.

✗ **Ignorare i progressi:** anche i piccoli miglioramenti nel comportamento sociale devono essere riconosciuti per incentivare la motivazione dello studente.

Gli studenti con autismo possono sentirsi sopraffatti dalle dinamiche di gruppo, dai rumori o dall'imprevedibilità delle interazioni. Questo li porta spesso a ritirarsi durante le attività collettive, preferendo lavorare da soli. Tale comportamento può derivare da una difficoltà a comprendere le regole implicite del lavoro di squadra o da un bisogno di maggiore prevedibilità e controllo.

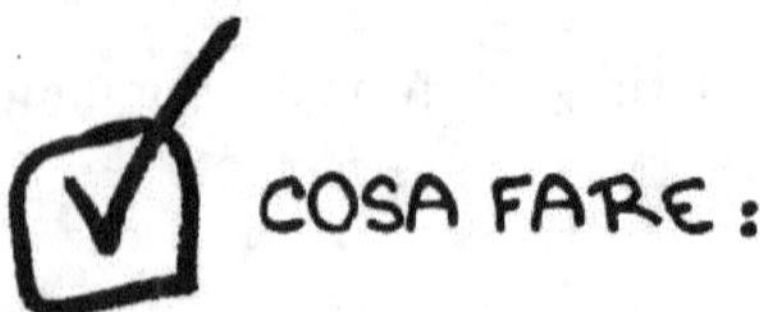

COSA FARE:

✓ **Offrire ruoli specifici e chiari:** assegna al ragazzo un compito definito all'interno del gruppo, per farlo sentire utile e sicuro del proprio contributo.

✓ **Iniziare con gruppi piccoli e strutturati:** favorisci attività in coppia o con pochi compagni, per creare un ambiente più gestibile e prevedibile.

✓ **Fornire supporto visivo alle attività:** usa schemi o grafici per illustrare le regole e i passaggi del lavoro di gruppo, rendendo il processo più comprensibile.

✓ **Preparare lo studente in anticipo:** spiega cosa accadrà durante l'attività di gruppo e le aspettative nei suoi confronti, per ridurre l'ansia legata all'imprevisto.

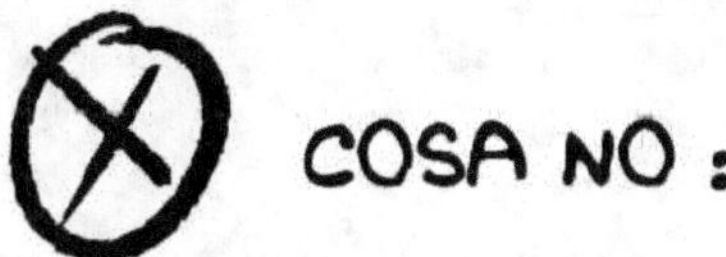 COSA NO :

✗ **Ignorare la sua difficoltà:** lasciare che si isoli senza intervenire può rafforzare la tendenza al ritiro e aumentare il senso di esclusione.

✗ **Forzare una partecipazione immediata:** obbligarlo a unirsi al gruppo senza un supporto adeguato può peggiorare la situazione, generando frustrazione.

✗ **Creare dinamiche competitive:** evitare di mettere lo studente in situazioni dove la competizione tra pari potrebbe aumentare il suo disagio.

✗ **Sottovalutare il valore del lavoro individuale:** in alcune occasioni, permettere di lavorare temporaneamente da solo può essere una strategia per poi guidarlo gradualmente verso il lavoro di gruppo.

Gli studenti con autismo possono manifestare cambiamenti d'umore e crisi emotive improvvise, spesso scatenate da una combinazione di fattori, come sovraccarico sensoriale, difficoltà nella comunicazione o frustrazione. Questi episodi non sono sempre prevedibili e richiedono una gestione attenta e calibrata per evitare di intensificare la situazione.

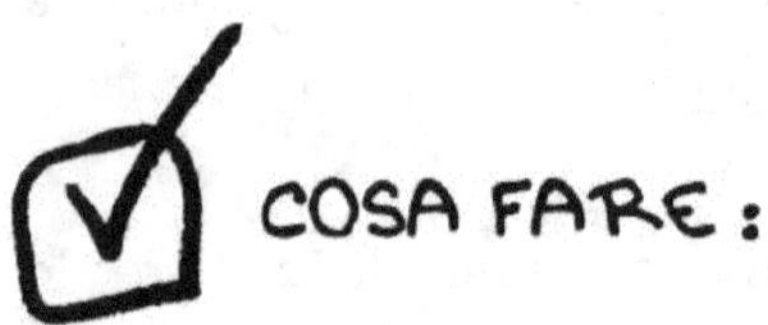

✓ **Riconoscere i segnali precoci:** osserva i segnali che indicano stress crescente, come irrequietezza, cambiamento nella postura o vocalizzazioni ripetitive, per intervenire prima della crisi.

✓ **Creare un luogo sicuro:** predisponi uno spazio tranquillo dove lo studente possa ritirarsi per calmarsi e ritrovare il controllo.

✓ **Usare un tono calmo e rassicurante:** comunica con tranquillità per ridurre l'escalation emotiva e fornire un punto di riferimento stabile.

✓ **Aiutare a esprimere le emozioni:** offri strumenti visivi o verbali, come una ruota delle emozioni, per permettere allo studente di identificare e comunicare ciò che sente.

 COSA NO :

✗ **Reagire in modo emotivo:** alzare la voce o mostrare impazienza può aumentare la tensione e aggravare la crisi.

✗ **Forzare la risoluzione immediata:** evitare di insistere per affrontare il problema sul momento; concedi il tempo necessario per il recupero emotivo.

✗ **Ignorare le cause scatenanti:** trascurare i fattori che hanno portato alla crisi rende più probabile il ripetersi dell'episodio.

✗ **Isolare senza spiegazioni:** mandare lo studente fuori dalla classe senza un supporto adeguato può peggiorare il senso di incomprensione e insicurezza.

Gli studenti con autismo possono provare disagio in ambienti rumorosi o affollati a causa di un'ipersensibilità sensoriale. Il rumore, la confusione o la presenza di molte persone possono generare ansia, difficoltà di concentrazione e, in alcuni casi, comportamenti di evitamento o crisi emotive.

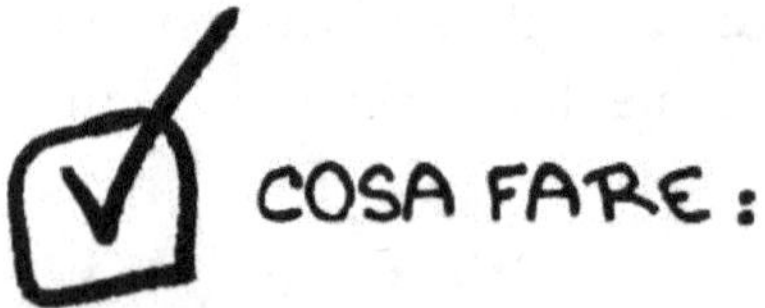

✓ **Identificare i fattori scatenanti:** osserva quali tipi di suoni o situazioni affollate creano maggiore disagio e cerca di ridurli, ove possibile.

✓ **Offrire strumenti di regolazione sensoriale:** fornire cuffie antirumore o auricolari con musica rilassante può aiutare a ridurre l'impatto del rumore.

✓ **Creare spazi di decompressione:** allestisci un angolo tranquillo dove lo studente possa ritirarsi per ritrovare la calma durante momenti di sovraccarico.

✓ **Preparare in anticipo:** avvisa lo studente prima di situazioni potenzialmente rumorose, come assemblee o laboratori, per ridurre l'ansia anticipatoria.

 COSA NO :

✗ **Minimizzare il disagio:** evitare di dire frasi come "non è niente" o "ci si deve abituare", perché invalidano i sentimenti dello studente.

✗ **Obbligare a rimanere in situazioni scomode:** costringere lo studente a restare in ambienti che trova opprimenti può intensificare il disagio o provocare crisi.

✗ **Ignorare i segnali di sovraccarico:** non trascurare segni di stress crescente, come coprirsi le orecchie, dondolarsi o cercare di allontanarsi.

✗ **Esporre a rumori improvvisi e forti:** evita attività con suoni acuti o esplosivi senza adeguata preparazione, come l'uso di campanelli o applausi improvvisi.

Gli studenti con autismo possono incontrare ostacoli nell'esprimersi verbalmente, nel comprendere il linguaggio degli altri o nell'interpretare segnali non verbali, come il tono di voce o il linguaggio del corpo. Queste difficoltà possono portare a incomprensioni, isolamento o frustrazione sia per lo studente che per chi interagisce con lui.

✓ **Utilizzare frasi semplici e dirette:** esprimiti in modo chiaro, evitando giri di parole o metafore.

✓ **Incorporare il supporto visivo:** affianca le spiegazioni verbali con immagini, simboli o gesti per migliorare la comprensione.

✓ **Concedere tempo per rispondere:** dai allo studente il tempo necessario per processare l'informazione e formulare una risposta.

✓ **Promuovere modalità alternative di comunicazione:** incoraggia l'uso di strumenti come tabelle di comunicazione, app o dispositivi AAC (Augmentative and Alternative Communication).

✓ **Riconoscere e valorizzare i tentativi di comunicazione:** mostra apprezzamento anche per risposte parziali o non verbali, incoraggiando lo studente a continuare.

 COSA NO :

✗ **Sovraccaricare con troppe informazioni:** evita spiegazioni lunghe o complesse che possono confondere lo studente.

✗ **Correggere in modo eccessivo:** non interrompere ogni volta per correggere errori di pronuncia o lessico; focalizzati sul contenuto del messaggio.

✗ **Ignorare segnali non verbali:** presta attenzione a gesti, espressioni facciali o movimenti che lo studente usa per comunicare.

✗ **Pretendere risposte immediate:** non affrettare lo studente a rispondere rapidamente, poiché ciò può aumentare ansia e frustrazione.

✗ **Sottovalutare il valore dei supporti tecnologici:** non trascurare l'importanza di strumenti che possano facilitare l'interazione.

Gli studenti con autismo possono avere difficoltà a processare istruzioni che contengono molte informazioni, linguaggio figurato o sequenze lunghe. Questi problemi derivano spesso da una combinazione di sfide con il linguaggio, le funzioni esecutive e l'elaborazione uditiva. Questo può portare a frustrazione o errori nell'esecuzione delle attività.

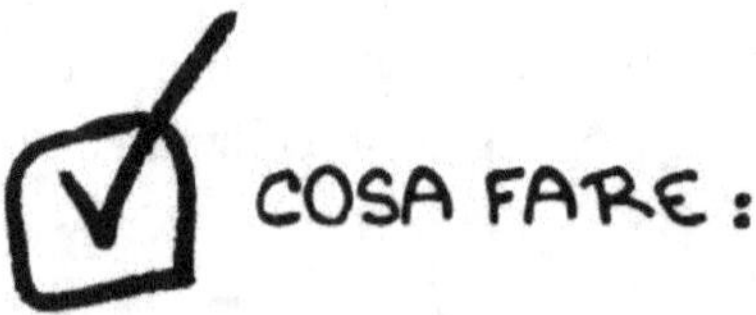

COSA FARE:

✓ **Semplificare le istruzioni:** utilizza frasi brevi e dirette, suddividendo le richieste in passi singoli e gestibili.

✓ **Supportare con materiale visivo:** accompagna le spiegazioni verbali con immagini, schemi o istruzioni scritte per rafforzare la comprensione.

✓ **Fornire esempi pratici:** mostra concretamente cosa ci si aspetta, attraverso modelli o dimostrazioni.

✓ **Ripetere e verificare la comprensione:** chiedi allo studente di ripetere con parole sue ciò che ha capito, per assicurarti che le informazioni siano chiare.

✓ **Dare il tempo necessario:** concedi un momento per processare le informazioni, evitando di incalzare con altre richieste.

 ## COSA NO :

✗ **Dare troppe istruzioni in una volta sola:** evita di elencare più compiti contemporaneamente, poiché potrebbe confondere lo studente.

✗ **Utilizzare linguaggio ambiguo:** non fare uso di metafore, sarcasmo o linguaggio figurato che potrebbe risultare difficile da interpretare.

✗ **Ignorare segnali di difficoltà:** non andare avanti con l'attività se lo studente sembra smarrito; fermati e chiarisci.

✗ **Parlare troppo velocemente:** evita di comunicare in modo rapido o monotono, poiché questo può ridurre la comprensibilità del messaggio.

✗ **Pressare per una risposta immediata:** non pretendere una reazione veloce, poiché il processamento delle istruzioni può richiedere più tempo.

I comportamenti stereotipati, come movimenti ripetitivi, dondolarsi, sbattere le mani o ripetere suoni o parole, sono comuni tra gli studenti con autismo e possono essere un modo per auto-regolarsi, gestire l'ansia o una situazione percepita come stressante. Tuttavia, talvolta potrebbero interferire con l'apprendimento o l'interazione sociale.

✓ **Osservare il contesto:** identifica le situazioni in cui si manifestano i comportamenti stereotipati per capire se sono legati a stress, sovraccarico sensoriale o noia.

✓ **Offrire un'alternativa appropriata:** proponi attività o oggetti che forniscono una stimolazione simile ma meno invasiva, come oggetti sensoriali da manipolare.

✓ **Creare un ambiente rilassante:** riduci fattori di stress e sovraccarichi sensoriali nell'ambiente per prevenire l'insorgere del comportamento.

✓ **Accettare il comportamento quando possibile:** se non disturba il contesto o l'apprendimento, permetti di manifestare il comportamento per auto-regolarsi.

✓ **Lavorare sulle transizioni:** prepara lo studente per cambiamenti di attività o ambiente, spesso situazioni in cui i comportamenti stereotipati possono intensificarsi.

 **COSA NO :**

✗ **Reprimere il comportamento:** non forzare lo studente a fermarsi senza offrire un'alternativa, poiché questo potrebbe aumentare l'ansia.

✗ **Etichettare negativamente:** evita di considerare il comportamento come un problema da "correggere"; può essere un bisogno legittimo di autoregolazione.

✗ **Ignorare il significato:** non trascurare il contesto o il motivo alla base del comportamento; potrebbero esserci segnali di disagio sottostanti.

✗ **Creare un clima ostile:** non permettere commenti da parte di compagni che possano far sentire a disagio.

✗ **Interrompere bruscamente:** non interrompere il comportamento in modo aggressivo o inatteso, poiché potrebbe innescare reazioni di frustrazione o crisi emotive.

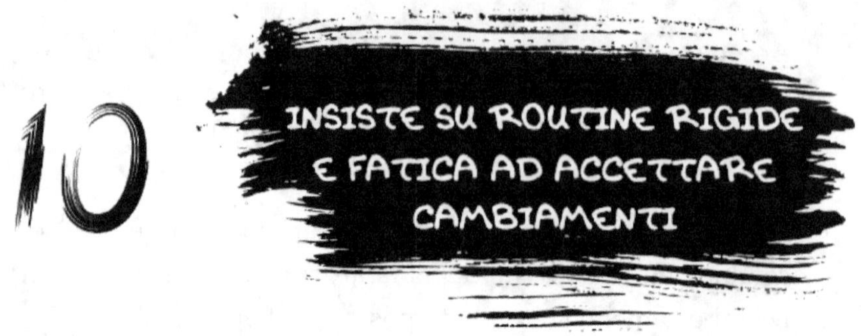

Gli studenti con autismo possono sviluppare un forte attaccamento a routine rigide e prevedibili, poiché queste forniscono loro un senso di sicurezza e controllo. Cambiamenti improvvisi, anche minimi, possono causare disagio, ansia o reazioni emotive intense. Questo comportamento è spesso legato alla difficoltà nel gestire l'incertezza e nell'adattarsi a nuove situazioni.

✓ **Anticipare i cambiamenti:** informa lo studente in anticipo riguardo a eventuali modifiche alla routine, utilizzando strumenti visivi, come calendari o schede.

✓ **Integrare piccole variazioni graduali:** introduce cambiamenti progressivi per abituare lo studente in modo graduale a situazioni nuove.

✓ **Creare una "routine della flessibilità":** inserisci nel programma momenti in cui lo studente può scegliere tra opzioni diverse, per allenarlo ad accettare piccole variazioni.

✓ **Fornire punti di riferimento:** usa immagini, simboli o oggetti familiari per aiutare lo studente a orientarsi durante le transizioni o i cambiamenti.

✓ **Ricompensare l'adattabilità:** loda lo studente quando riesce a gestire un cambiamento, anche minimo, per rinforzare il comportamento positivo.

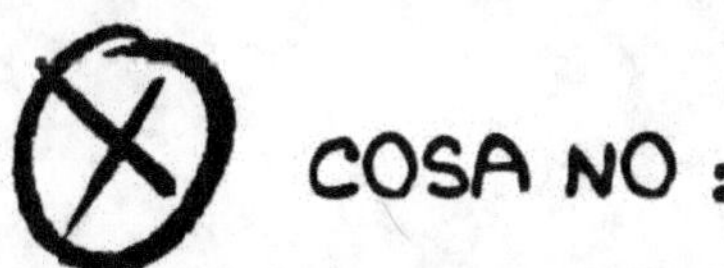

COSA NO :

✗ **Imporre cambiamenti improvvisi:** evita modifiche senza preavviso, che possono causare panico o resistenza.

✗ **Sottovalutare l'importanza della routine:** non ignorare il bisogno di stabilità dello studente; la routine è fondamentale per il suo benessere.

✗ **Creare un ambiente caotico:** non introdurre troppi cambiamenti insieme o senza un piano strutturato.

✗ **Reagire con frustrazione:** non mostrare irritazione o pressione nei confronti dello studente se manifesta disagio per un cambiamento.

✗ **Forzare l'adattamento:** non insistere affinché lo studente accetti immediatamente una situazione nuova, senza dargli tempo per adattarsi.

CAPITOLO 5
Collaborazione e inclusione

5.1 Coinvolgimento delle famiglie e del team educativo

Costruire una rete di supporto che coinvolga famiglie, insegnanti e specialisti non è soltanto una necessità organizzativa, ma rappresenta un'opportunità cruciale per creare un ambiente scolastico accogliente e realmente inclusivo. Questo tipo di approccio integrato consente di affrontare le difficoltà in modo mirato, combinando le diverse prospettive e competenze per rispondere in maniera più efficace alle esigenze dello studente. Allo stesso tempo, valorizza i suoi punti di forza, costruendo un percorso educativo che tenga conto delle sue specificità e delle sue potenzialità.

La continuità educativa tra casa e scuola è fondamentale: strategie condivise e coordinate garantiscono che lo studente non si trovi disorientato da interventi o metodi contraddittori. Questa coerenza si estende anche al team scolastico, dove un approccio comune tra gli insegnanti permette di creare un ambiente prevedibile e rassicurante. Quando lo studente percepisce supporto e comprensione da parte di tutti gli adulti coinvolti, si riducono i fattori di stress e aumentano le opportunità di successo.

Una comunicazione chiara e strutturata è essenziale per monitorare i progressi, identificare nuove difficoltà e adattare gli interventi. In questo contesto, il lavoro di squadra diventa un elemento indispensabile per il successo di qualsiasi intervento inclusivo, trasformando le sfide in occasioni per rafforzare la collaborazione e promuovere il benessere dello studente.

Comunicazione aperta e costruttiva con i genitori

La relazione tra insegnanti e famiglie rappresenta un pilastro fondamentale per l'inclusione. Una comunicazione chiara e continuativa aiuta a rafforzare il legame di fiducia e a condividere strategie e osservazioni utili per il benessere dello studente.

- **Creare un dialogo costante**: i colloqui regolari aiutano a mantenere i genitori aggiornati sui progressi e sulle difficoltà dello studente. Questi momenti di confronto servono anche per ascoltare il punto di vista della famiglia e raccogliere informazioni preziose sull'esperienza quotidiana dello studente a casa.

- **Adottare un linguaggio empatico e chiaro**: durante le comunicazioni, sia scritte che orali, utilizza un linguaggio semplice e rispettoso. Evita di concentrarti solo sui problemi, ma sottolinea anche i punti di forza dello studente, offrendo un quadro equilibrato della situazione.

- **Utilizzare strumenti di comunicazione pratici**: un diario condiviso, email o piattaforme scolastiche permettono uno scambio costante di informazioni, rendendo più fluido il flusso di comunicazione senza dover attendere i colloqui ufficiali. Specifica con i genitori quali saranno gli strumenti principali da utilizzare per garantire coerenza.

- **Condividere strategie pratiche**: spiega ai genitori quali interventi stanno funzionando a scuola e suggerisci come possano essere replicati, in forma adattata, a casa. Ad esempio, l'uso di segnali visivi o la creazione di routine strutturate.

- **Riconoscere il ruolo dei genitori come partner attivi**: coinvolgi la famiglia nella definizione delle priorità educative e accogli i loro suggerimenti. Questo approccio li aiuta a sentirsi parte integrante del percorso di crescita dello studente.

Lavorare in sinergia con colleghi e specialisti

La collaborazione tra insegnanti e figure professionali interne ed esterne alla scuola è indispensabile per affrontare in modo completo le necessità dello studente. Un approccio condiviso garantisce che tutte le attività siano orientate verso obiettivi comuni, riducendo la frammentazione e migliorando l'efficacia degli interventi.

- **Favorire la condivisione di osservazioni e strategie**: scambiarsi informazioni sulle esperienze vissute in classe permette di costruire una visione più ampia delle necessità dello studente. Ad esempio, un insegnante può notare difficoltà relazionali durante il lavoro di gruppo, mentre un altro potrebbe individuare punti di forza nel lavoro individuale.

- **Utilizzare documentazione condivisa**: strumenti come report sintetici, schede di osservazione o piattaforme digitali agevolano il passaggio di informazioni tra insegnanti e specialisti, garantendo una comunicazione chiara e tracciabile.

- **Confrontarsi sulle strategie più efficaci**: ogni membro del team educativo porta un punto di vista unico. Discutere quali approcci hanno funzionato o meno in determinati contesti aiuta a perfezionare le strategie, rendendole più mirate.

- **Coinvolgere specialisti esterni**: i terapisti, i logopedisti o i neuropsichiatri che seguono lo studente possono offrire indicazioni preziose per personalizzare ulteriormente gli interventi. Favorisci un dialogo tra scuola e figure esterne, per una continuità educativa e terapeutica.

- **Promuovere un clima di collaborazione positiva**: valorizzare il contributo di ogni collega o specialista incoraggia una partecipazione attiva e condivisa. La disponibilità ad ascoltare e a confrontarsi con gli altri è fondamentale per garantire un lavoro di squadra efficace.

5.2 Strategie per l'inclusione degli studenti con autismo

Garantire l'inclusione degli studenti con autismo richiede un'attenzione particolare alla creazione di un ambiente accogliente e collaborativo, dove ogni alunno si senta valorizzato e supportato. Le strategie devono essere progettate per favorire la partecipazione attiva, ridurre i fattori di esclusione e promuovere relazioni positive con i compagni. In questa sezione, troverai approcci concreti per costruire un clima di classe inclusivo e organizzare attività che facilitino l'integrazione degli studenti con autismo.

Creazione di un ambiente inclusivo e collaborativo

Un ambiente inclusivo parte dalla strutturazione dello spazio fisico, delle regole di classe e delle dinamiche sociali:

- **Organizza lo spazio fisico per la prevedibilità**: assegna allo studente una postazione stabile e prevedibile, lontana da fonti di rumore eccessivo, ma che favorisca la partecipazione attiva.

Utilizza segnali visivi, come etichette o pannelli, per aiutare gli studenti a orientarsi facilmente.

- **Favorisci la comprensione delle regole di classe**: comunica le regole in modo chiaro e visivo, utilizzando cartelloni, immagini o simboli. Ripeti regolarmente le regole con esempi pratici per rafforzare la comprensione.

- **Promuovi atteggiamenti inclusivi tra i compagni**: organizza momenti di discussione in classe, come circle time, per parlare di diversità, rispetto e collaborazione. Usa libri o storie che trattino temi legati all'autismo per sensibilizzare e stimolare empatia.

- **Adatta il linguaggio e i materiali**: utilizza un linguaggio semplice e diretto, evitando ambiguità. Quando necessario, fornisci materiali differenziati che permettano allo studente con autismo di partecipare senza sentirsi sopraffatto.

Attività di gruppo che facilitano l'integrazione

Le attività di gruppo, se ben progettate, possono diventare un potente strumento per favorire l'inclusione e il senso di appartenenza degli studenti con autismo:

- **Definisci ruoli chiari**: quando pianifichi attività di gruppo, assegna a ciascun partecipante un ruolo specifico e visibile. Questo aiuta a ridurre l'ansia sociale e a favorire la partecipazione dello studente con autismo. Ad esempio, in un progetto creativo, uno studente può essere incaricato di colorare, un altro di ritagliare, ecc.

- **Utilizza attività cooperative**: prediligi attività che richiedano cooperazione piuttosto che competizione, come giochi di costruzione collettiva o laboratori in cui tutti contribuiscano a un unico obiettivo. Questi ambienti riducono le pressioni individuali e favoriscono interazioni positive.

- **Incoraggia il lavoro in piccoli gruppi**: crea gruppi di lavoro con 3-4 studenti, combinando lo studente con autismo con compagni pazienti e collaborativi. Monitorali per garantire che le interazioni siano rispettose e costruttive.

- **Integra attività sensoriali e creative**: proponi attività che coinvolgano più sensi, come laboratori di arte o musica, che permettano allo studente con autismo di esprimersi in modi alternativi. Le attività strutturate e con risultati tangibili spesso riducono l'ansia e incoraggiano la partecipazione.

- **Osserva le dinamiche del gruppo**: verifica che lo studente con autismo sia coinvolto nelle interazioni, evitando che venga isolato o sovraccaricato.

- **Raccogli feedback**: chiedi agli studenti, incluso quello con autismo, come si sono sentiti durante l'attività. Questo ti permetterà di identificare aspetti da migliorare e di costruire esperienze sempre più inclusive.

- **Adatta continuamente le strategie**: in base alle osservazioni e al feedback, modifica le attività o le dinamiche per meglio rispondere ai bisogni della classe.

Un ambiente inclusivo e attività ben strutturate non solo facilitano l'integrazione degli studenti con autismo, ma contribuiscono a creare una comunità scolastica più unita e rispettosa delle diversità.

CAPITOLO 6

Casi studio
e testimonianze

6.1 Il caso di Giulia: favorire l'interazione sociale

Giulia, una studentessa di 11 anni con diagnosi di autismo ad alto funzionamento, eccelle nelle materie scientifiche, dimostrando un'attenzione particolare ai dettagli e una grande capacità analitica. Tuttavia, incontra difficoltà significative nel partecipare alle attività sociali e nel costruire relazioni con i compagni di classe. Durante i lavori di gruppo, tende a isolarsi, preferendo concentrarsi su dettagli specifici piuttosto che interagire con gli altri membri del team. Questa dinamica genera frustrazione sia in Giulia, che percepisce l'esclusione, sia nei suoi compagni, che faticano a capire il suo comportamento e come coinvolgerla.

Questo caso studio esplora come interventi personalizzati e strategie mirate possano non solo facilitare l'integrazione sociale di Giulia, ma anche creare un ambiente di classe più empatico e collaborativo, valorizzando al contempo i suoi talenti unici.

Osservazione iniziale e analisi del comportamento

Quando Giulia è stata assegnata a un progetto di gruppo in classe, ha mostrato comportamenti evitanti, preferendo lavorare da sola. I compagni, non sapendo come coinvolgerla, l'hanno lasciata in disparte. Giulia ha completato il suo lavoro in autonomia, ma non ha collaborato con il resto del gruppo, portando il progetto a una conclusione frammentata.

Interventi mirati e strategie adottate

Il team educativo ha deciso di intervenire per favorire l'inclusione di Giulia. Le strategie implementate si sono basate su quanto segue:

- **Preparazione del gruppo classe:** prima di affrontare nuovi progetti, l'insegnante ha dedicato una lezione al tema della collaborazione, utilizzando esempi pratici e materiali visivi per spiegare il valore di lavorare insieme. Ha introdotto semplici strategie di comunicazione che ogni studente poteva usare per coinvolgere i compagni in modo rispettoso.

- **Creazione di un ambiente di supporto per Giulia:**
  - **Ruoli specifici:** nei progetti successivi, a Giulia è stato assegnato un ruolo che le permettesse di sfruttare i suoi punti di forza, come l'organizzazione dei dati o il controllo dei dettagli. Questo ha aumentato la sua sicurezza e dato un contributo tangibile al gruppo.
  - **Compagno di supporto:** un compagno sensibile e collaborativo è stato invitato a lavorare con Giulia, aiutandola a interagire e a tradurre i suoi contributi nel contesto del gruppo.

- **Uso di strategie visive e strumenti di supporto:**
  - Sono stati introdotti **checklist visivi** per facilitare la partecipazione di Giulia alle attività del gruppo,

consentendole di sapere esattamente cosa fare e quando.

- Durante le discussioni, l'insegnante ha fornito **frasi guida** che Giulia poteva usare per esprimere le sue idee o chiedere chiarimenti.

- **Promozione di momenti di socializzazione guidata:** al di fuori delle lezioni, Giulia è stata invitata a partecipare a piccoli giochi di gruppo con il supporto di un educatore. Questi momenti miravano a rafforzare la fiducia reciproca tra Giulia e i compagni, in un contesto meno strutturato.

Risultati osservati

Dopo alcune settimane:

- Giulia ha iniziato a utilizzare le frasi guida durante le attività di gruppo, partecipando attivamente alle discussioni.

- I compagni hanno mostrato maggiore comprensione verso i suoi comportamenti e hanno iniziato a coinvolgerla spontaneamente.

- Nei progetti successivi, il lavoro di gruppo ha mostrato un miglioramento sia nei risultati che nel clima collaborativo.

Lezioni apprese

- **Importanza della preparazione della classe**: sensibilizzare i compagni prima di affrontare situazioni collaborative è fondamentale per ridurre l'esclusione e promuovere un ambiente più inclusivo.

- **Valorizzare i punti di forza**: assegnare a Giulia compiti adatti alle sue abilità non solo l'ha aiutata a integrarsi, ma ha anche dimostrato ai compagni il valore del suo contributo.

- **Monitorare e adattare le strategie**: gli interventi non devono essere statici; il monitoraggio continuo ha permesso di identificare rapidamente cosa funzionava e cosa necessitava di aggiustamenti.

6.2 Il caso di Matteo: strategie per la regolazione sensoriale

Matteo è un alunno di 11 anni con diagnosi di autismo e una marcata ipersensibilità sensoriale. Durante le lezioni in aula, rumori improvvisi come lo spostamento di sedie o il brusio degli studenti lo portano a coprirsi le orecchie o ad allontanarsi dal suo posto. Inoltre, Matteo si mostra spesso inquieto in ambienti affollati, come la mensa o la palestra, e questo lo spinge a isolarsi o ad avere crisi emotive.

Il comportamento di Matteo genera difficoltà sia per lui, che non riesce a concentrarsi e si sente sopraffatto, sia per gli insegnanti, che non sanno sempre come gestire queste situazioni senza interrompere la lezione o penalizzare il resto della classe.

Questo caso studio dimostra come interventi mirati alla regolazione sensoriale possano aiutare Matteo a trovare un equilibrio, migliorare la sua esperienza scolastica e ridurre le difficoltà comportamentali.

Osservazione iniziale e analisi del comportamento

Gli episodi di disagio sensoriale di Matteo si verificano con maggiore frequenza: durante le attività con molti stimoli simultanei (es. lavori di gruppo rumorosi, cambi d'aula); in ambienti chiusi e affollati, dove il rumore e il movimento si sommano (es. mensa, ingressi e uscite); in risposta a suoni improvvisi e intensi.

Questi episodi influenzano non solo il benessere di Matteo, ma anche la sua capacità di apprendere e di partecipare.

Interventi mirati e strategie adottate

- **Creazione di una zona sicura:** Matteo ha avuto accesso a una zona tranquilla e priva di stimoli eccessivi, dove poteva ritirarsi temporaneamente per recuperare la calma. Questa zona è stata pensata con il suo coinvolgimento e arredata con strumenti di regolazione sensoriale come cuffie antirumore, cuscini e materiali rilassanti.

- **Uso di strumenti per la regolazione sensoriale:** Matteo ha utilizzato cuffie antirumore durante le lezioni e i momenti più caotici della giornata, come il pranzo in mensa. Inoltre, oggetti manipolativi come palline antistress o tessuti con texture diverse lo hanno aiutato a canalizzare l'energia nervosa.

- **Routine prevedibili:** la giornata scolastica è stata strutturata con un orario visibile che segnalava eventuali attività rumorose o impegnative, permettendo a Matteo di prepararsi mentalmente e fisicamente.

- **Adattamenti ambientali:** gli insegnanti hanno introdotto accorgimenti come il rivestimento delle gambe delle sedie con gommini antiscivolo per ridurre i rumori improvvisi e l'uso di segnalazioni visive per richiamare l'attenzione della classe senza alzare la voce.

- **Sensibilizzazione della classe:** i compagni di Matteo sono stati coinvolti in attività di educazione alla diversità sensoriale, per comprendere meglio le sue difficoltà e rispettare i suoi bisogni.

Risultati osservati e lezioni apprese

Grazie a queste strategie, Matteo ha iniziato a gestire meglio i suoi momenti di disagio, riuscendo a rimanere più a lungo in classe durante le attività rumorose. La sua partecipazione alla vita scolastica è gradualmente migliorata, così come il clima di collaborazione con i compagni, che hanno iniziato a coinvolgerlo attivamente senza giudicarlo per le sue difficoltà.

Questo caso evidenzia come l'adozione di strategie mirate per la regolazione sensoriale possa migliorare significativamente l'esperienza scolastica di uno studente con autismo, favorendo la sua partecipazione attiva e il suo benessere emotivo.

6.3 Il caso di Andrea: una gestione efficace della comunicazione scuola-famiglia

Andrea è un ragazzo di 12 anni, al primo anno della scuola secondaria di primo grado, con una diagnosi di autismo. La sua difficoltà principale riguarda l'adattamento ai cambiamenti e la regolazione emotiva, che spesso si traducono in crisi comportamentali durante la giornata scolastica. A casa, invece, i genitori faticano a comprendere cosa accade a scuola e come sostenere Andrea, alimentando un senso di frustrazione che rischia di compromettere la collaborazione con gli insegnanti.

Questo caso studio dimostra come una comunicazione strutturata e continua tra scuola e famiglia possa favorire un clima di fiducia e migliorare sia il benessere di Andrea sia l'efficacia degli interventi educativi.

Osservazione iniziale e analisi del comportamento

Andrea manifestava difficoltà a gestire le transizioni tra le lezioni e a comprendere le regole implicite delle attività scolastiche. Questo lo portava spesso a rifiutarsi di partecipare o a esprimere il disagio con comportamenti oppositivi. In alcune occasioni, i genitori hanno ricevuto comunicazioni vaghe o frammentarie dalla scuola, come segnalazioni di episodi di comportamento problematico senza spiegazioni sulle cause o le strategie adottate.

La mancanza di un dialogo chiaro ha creato incomprensioni tra famiglia e docenti, rendendo difficile un approccio coordinato e coeso per supportare Andrea.

<u>Interventi mirati e strategie adottate</u>

Per risolvere queste difficoltà, il team scolastico ha implementato un piano di comunicazione strutturato, focalizzandosi sui seguenti aspetti:

- **Strumenti di comunicazione chiari e regolari:**

  - **Agenda giornaliera condivisa**: è stato introdotto un quaderno di comunicazione tra scuola e famiglia. Ogni giorno, gli insegnanti annotavano brevemente i momenti positivi, le difficoltà riscontrate, e le strategie applicate. I genitori potevano aggiungere osservazioni o aggiornamenti sull'andamento a casa.
  - **Incontri periodici**: sono stati organizzati incontri mensili con i genitori per discutere i progressi di Andrea, analizzare eventuali criticità, e pianificare gli interventi futuri. Questi incontri includevano la presenza di uno specialista (come un educatore o un terapista) per fornire suggerimenti concreti.

- **Approccio positivo e costruttivo:**

  - **Focus sui punti di forza**: le comunicazioni si concentravano non solo sulle difficoltà, ma anche sui successi di Andrea, per mantenere alta la motivazione sia dello studente sia dei genitori. Ad esempio, veniva sottolineata la sua crescente partecipazione nelle attività di laboratorio.
  - **Feedback immediato e costruttivo**: in caso di crisi o episodi critici, i docenti fornivano una descrizione chiara dell'evento, spiegando quali fattori avessero scatenato il

comportamento e come fosse stato gestito. Questo permetteva ai genitori di comprendere meglio le dinamiche e di adottare strategie simili a casa.

- **Allineamento delle strategie tra scuola e casa:**

  - **Condivisione di tecniche educative**: gli insegnanti hanno mostrato alla famiglia alcune tecniche utilizzate in classe, come l'uso di schede visive per anticipare le attività e la creazione di una routine prevedibile. I genitori hanno iniziato a utilizzare strumenti simili a casa, creando maggiore coerenza tra i due ambienti.
  - **Formazione e consulenza**: sono stati organizzati incontri con uno specialista che ha offerto ai genitori consigli pratici su come gestire le crisi emotive e migliorare la comunicazione con Andrea.

- **Promozione della collaborazione attiva:**

  - **Ruolo attivo dei genitori**: la famiglia è stata coinvolta nella pianificazione degli interventi educativi, condividendo le proprie osservazioni e partecipando alla stesura di strategie comuni. Questo li ha fatti sentire valorizzati e più motivati a collaborare.
  - **Partecipazione ad attività scolastiche**: i genitori sono stati invitati a partecipare a eventi scolastici o a momenti di osservazione in classe, per comprendere meglio il contesto in cui Andrea si trovava quotidianamente.

Risultati osservati

- **Miglioramento del clima di fiducia**: la comunicazione costante e trasparente ha rafforzato il rapporto tra scuola e famiglia, riducendo incomprensioni e conflitti.

- **Coerenza negli interventi**: l'allineamento delle strategie tra casa e scuola ha portato a una gestione più efficace delle difficoltà di Andrea, che si è tradotta in un miglioramento della regolazione emotiva e una maggiore partecipazione alle attività.

- **Maggiore serenità per Andrea**: sentendosi sostenuto sia a casa sia a scuola, Andrea ha mostrato una riduzione delle crisi comportamentali e una maggiore apertura verso le transizioni e i cambiamenti.

Lezioni apprese

- **Comunicazione bidirezionale**: la comunicazione efficace non si limita a informare, ma coinvolge attivamente entrambe le parti nel processo educativo.

- **Focus sull'intero contesto**: fornire spiegazioni chiare sugli episodi critici e sulle strategie applicate permette alla famiglia di comprendere meglio le dinamiche scolastiche e di sentirsi parte integrante del percorso educativo.

- **Ruoli complementari**: la collaborazione tra scuola e famiglia non significa sovrapposizione, ma valorizzazione dei rispettivi ruoli per garantire il benessere dello studente.

Questo caso dimostra come una gestione efficace della comunicazione scuola-famiglia possa trasformare le difficoltà in opportunità di crescita e costruire un ambiente più inclusivo per lo studente.

Articoli, libri e risorse online per approfondire

Ecco una selezione di risorse utili per chi desidera approfondire l'autismo e scoprire strategie pratiche per sostenere studenti nello sviluppo delle loro potenzialità. Troverai articoli scientifici, libri di riferimento e siti web affidabili, pensati per offrire un mix di informazioni teoriche e strumenti concreti, adatti sia a insegnanti che a famiglie.

Articoli accademici

- Koegel, L. K., & Koegel, R. L. (2006). *Pivotal Response Treatments for Autism: Communication, Social, and Academic Development.* Research in Autism Spectrum Disorders, 1(1), 15-29.
  Analizza interventi chiave per migliorare comunicazione e abilità sociali negli studenti con autismo.

- Tomchek, S. D., & Dunn, W. (2007). *Sensory Processing in Children with and without Autism: A Comparative Study.* The American Journal of Occupational Therapy, 61(2), 190-200.

Esplora le difficoltà sensoriali negli studenti con autismo e il loro impatto quotidiano.

- Baron-Cohen, S., & Wheelwright, S. (2004). *The Empathizing-Systemizing Theory of Autism: Implications for Education*. Trends in Cognitive Sciences, 8(6), 248-255.
  Approfondisce le differenze cognitive nell'autismo e il loro ruolo nell'apprendimento.

Libri di approfondimento

- Attwood, T. (2018). *The Complete Guide to Asperger's Syndrome*. Jessica Kingsley Publishers.
  Un manuale completo sulle caratteristiche, le sfide e le strategie per supportare studenti con Sindrome di Asperger.

- Pizzamiglio, L., & Milani, L. (2015). *Autismo e scuola: Strategie operative per un'inclusione efficace*. Franco Angeli.
  Un libro pratico per insegnanti, con suggerimenti su come rendere l'ambiente scolastico inclusivo e accogliente.

- Grandin, T., & Moore, K. (2014). *The Loving Push: How Parents and Professionals Can Help Spectrum Kids Become Successful Adults*. Future Horizons.
  Offre strumenti concreti per guidare i ragazzi con autismo verso una vita adulta indipendente e realizzata.

- Moderato, P., & Mazzeschi, C. (2016). *Autismo: Modelli teorici e strategie d'intervento*. Franco Angeli.
  Approfondisce i modelli teorici sull'autismo e propone interventi pratici per la gestione educativa e sociale.

Risorse online

- Centro Studi Erickson – www.erickson.it
  Una risorsa italiana che include libri, strumenti operativi e corsi di formazione per educatori e famiglie.

- Autism Speaks – www.autismspeaks.org
  Una delle più grandi organizzazioni globali sull'autismo, con informazioni su diagnosi, trattamenti e strategie educative.

- National Autistic Society – www.autism.org.uk
  Sito del Regno Unito con guide pratiche, materiali scaricabili e supporto per inclusione scolastica e sociale.

Materiali didattici

- Gray, C. (2010). *Social Stories 10.0: The New Definition and Guidelines*. The Gray Center.
  Una guida alle storie sociali per insegnare abilità relazionali e comportamentali a bambini con autismo.

- MIUR (2018). *Linee guida per l'inclusione degli studenti con disabilità*. Ministero dell'Istruzione.
  Documenti ufficiali corredati da indicazioni operative, strumenti pratici e strategie educative per promuovere l'inclusione scolastica degli studenti con disabilità.

APPENDICE 1

Schede di osservazione

Questa sezione propone schede per monitorare in modo strutturato i comportamenti e le difficoltà degli studenti con autismo. Ogni modello aiuta a raccogliere informazioni utili per pianificare interventi mirati e personalizzati, adattati alle esigenze specifiche dello studente. Le schede non sono pensate per essere utilizzate tutte indistintamente, ma per rispondere a bisogni di osservazione specifici. L'utilizzo dipenderà dalle caratteristiche dello studente e dai comportamenti che si intende monitorare. Per ciascuna scheda è indicato l'ambito di utilizzo, così da guidare l'insegnante nella scelta più adeguata. La documentazione regolare dei comportamenti non solo aiuta a individuare pattern e situazioni critiche, ma favorisce anche una comunicazione più efficace con famiglie e specialisti. Le informazioni raccolte possono rivelarsi preziose per un intervento tempestivo, garantendo un supporto più efficace e mirato.

Scheda 1: difficoltà di comunicazione

Questa scheda è utile per monitorare le modalità di comunicazione dello studente, sia verbale che non verbale, e identificare difficoltà specifiche come scarsa comprensione, uso limitato del linguaggio o difficoltà a esprimere bisogni e opinioni. Indicata per studenti che presentano barriere nella comunicazione, offre una base per sviluppare strategie di supporto personalizzate.

GIORNO E ORA		.../.../20...	.../.../20...
SITUAZIONE	*Descrivere il contesto in cui si è manifestata la difficoltà (es. discussione in classe, lavoro di gruppo).*	...	...
TIPO DI DIFFICOLTÀ	*Specificare se riguarda espressione, comprensione, o entrambe (es. risposte monosillabiche, difficoltà a seguire indicazioni).*	...	...
STRATEGIE DI SUPPORTO APPLICATE	*Indicare eventuali adattamenti o aiuti forniti, come riformulazione delle domande o uso di supporti visivi.*	...	...
RISULTATI DELL'INTERVENTO	*Valutare se le strategie hanno facilitato la comunicazione.*	...	...
NOTE AGGIUNTIVE	*Osservazioni su eventuali cambiamenti nella fiducia o partecipazione.*	...	...

Scheda 2: difficoltà nelle interazioni sociali

Pensata per documentare le modalità con cui lo studente interagisce con i compagni e gli adulti, questa scheda è indicata per individuare eventuali difficoltà nell'iniziare o mantenere interazioni, rispettare i turni o interpretare segnali sociali. È particolarmente utile per comprendere le dinamiche relazionali e progettare interventi mirati a migliorare le competenze sociali.

GIORNO E ORA		.../.../20...	.../.../20...
CONTESTO DELL'INTERAZIONE	*Indicare se si è verificata durante una pausa, un'attività di gruppo, ecc.*	...	...
DESCRIZIONE DEL COMPORTAMENTO	*Specificare se lo studente evita il contatto visivo, rimane isolato o mostra difficoltà nel turno di parola.*	...	...
RISPOSTA DEI COMPAGNI	*Descrivere le reazioni degli altri studenti (es. inclusione, esclusione, reazioni neutre).*	...	...
STRATEGIE DI SUPPORTO APPLICATE	*Documentare eventuali azioni intraprese, come mediazione o supporto diretto.*	...	...
RISULTATI DELL'INTERVENTO	*Valutare se c'è stato un miglioramento nell'interazione o nell'accettazione da parte del gruppo.*	...	...
NOTE AGGIUNTIVE	*Altre osservazioni rilevanti sul comportamento sociale dello studente.*	...	...

Scheda 3: risposta a cambiamenti di routine

Questa scheda permette di monitorare le reazioni dello studente a modifiche delle attività quotidiane o della struttura della giornata. Indicata per studenti che manifestano ansia, rigidità o comportamenti problematici in situazioni di cambiamento, offre informazioni utili per ridurre lo stress e promuovere un approccio più flessibile.

GIORNO E ORA		.../.../20...	.../.../20...
DESCRIZIONE DEL CAMBIAMENTO	*Indicare il tipo di variazione avvenuta (es. spostamento dell'aula, cambio dell'insegnante).*	...	...
REAZIONE INIZIALE DELLO STUDENTE	*Spiegare come ha reagito (es. ansia, rifiuto, richiesta di chiarimenti).*	...	...
STRATEGIE DI SUPPORTO APPLICATE	*Specificare eventuali aiuti forniti, come avvisi anticipati o spiegazioni dettagliate.*	...	...
RISULTATI DELL'INTERVENTO	*Documentare se le strategie hanno aiutato a ridurre il disagio o a favorire l'adattamento.*	...	...
NOTE AGGIUNTIVE	*Suggerimenti per migliorare la gestione di situazioni simili in futuro.*	...	...

Scheda 4: comportamenti ripetitivi e stereotipati

Ideata per registrare la frequenza, l'intensità e il contesto in cui si verificano comportamenti ripetitivi o stereotipati, questa scheda aiuta a comprendere se tali comportamenti interferiscono con l'apprendimento o le relazioni sociali. È indicata per progettare strategie di gestione e riduzione di comportamenti disfunzionali.

GIORNO E ORA		.../.../20...	.../.../20...
DESCRIZIONE DEL COMPORTAMENTO	*Descrivere se si tratta di movimenti ripetitivi (es. dondolio), ecolalia o fissazioni su argomenti specifici.*	...	...
FREQUENZA E DURATA	*Indicare quante volte e per quanto tempo si è manifestato il comportamento.*	...	...
CONTESTO	*Specificare se il comportamento è avvenuto in classe, durante la pausa, ecc.*	...	...
STRATEGIE DI SUPPORTO APPLICATE	*Descrivere eventuali azioni adottate per interrompere o reindirizzare il comportamento.*	...	...
RISULTATI DELL'INTERVENTO	*Valutare se l'intervento è stato efficace o ha ridotto la frequenza/intensità del comportamento.*	...	...
NOTE AGGIUNTIVE	*Osservazioni su possibili cause scatenanti o momenti critici.*	...	...

Scheda 5: difficoltà sensoriali

Questa scheda è utile per individuare sensibilità o iper/ipo-reattività a stimoli sensoriali come luci, suoni, odori o texture. Indicata per studenti che mostrano disagio, evitamento o reazioni esagerate a determinati stimoli, aiuta a creare un ambiente più adatto e inclusivo.

GIORNO E ORA		.../.../20...	.../.../20...
CONTESTO	*Descrivere il contesto (es. aula rumorosa, attività in palestra).*	...	...
TIPO DI DIFFICOLTÀ OSSERVATA	*Specificare se riguarda sensibilità a rumori, luci, consistenze, ecc.*	...	...
REAZIONE DELLO STUDENTE	*Indicare come si è manifestato il disagio (es. coprirsi le orecchie, ritirarsi, agitazione).*	...	...
STRATEGIE DI SUPPORTO APPLICATE	*Documentare le strategie utilizzate, come spostamento in un'area più tranquilla o uso di cuffie antirumore.*	...	...
RISULTATI DELL'INTERVENTO	*Valutare se le strategie hanno ridotto il disagio o migliorato la partecipazione.*	...	...
NOTE AGGIUNTIVE	*Osservazioni su pattern ricorrenti o preferenze dello studente.*	...	...

Scheda 6: partecipazione alle attività di gruppo

Pensata per osservare il coinvolgimento dello studente nelle attività collettive, questa scheda documenta aspetti come l'iniziativa, la collaborazione e la gestione delle dinamiche di gruppo. È utile per identificare strategie che facilitino la partecipazione attiva e l'integrazione con i compagni.

GIORNO E ORA		.../.../20...	.../.../20...
DESCRIZIONE DELL'ATTIVITÀ	*Indicare il tipo di attività (es. progetto collaborativo, gioco di squadra).*	...	...
COINVOLGIMENTO DELLO STUDENTE	*Spiegare se è stato attivo, passivo o ritirato.*	...	...
COMPORTAMENTI OSSERVATI	*Specificare se lo studente ha mostrato difficoltà a collaborare, a rispettare il turno, o a comprendere il ruolo.*	...	...
STRATEGIE DI SUPPORTO APPLICATE	*Indicare eventuali strategie adottate, come assegnazione di ruoli chiari o mediazione tra i compagni.*	...	...
RISULTATI DELL'INTERVENTO	*Documentare se lo studente ha migliorato il coinvolgimento o l'efficacia della partecipazione.*	...	...
NOTE AGGIUNTIVE	*Eventuali suggerimenti per migliorare il supporto durante attività future.*	...	...

Modelli di
PDP e PEI

Questa appendice offre una guida pratica e completa per rispondere alle diverse necessità educative degli studenti nello spettro autistico, attraverso modelli di **Piano Didattico Personalizzato (PDP)** e di **Piano Educativo Individualizzato (PEI)**.

Il **PDP** è uno strumento utile nelle fasi iniziali, quando uno studente presenta difficoltà evidenti ma non ha ancora ricevuto una certificazione formale di disabilità. In questo contesto, il PDP permette di stabilire interventi personalizzati e mirati che favoriscano l'inclusione e l'apprendimento, supportando sia gli insegnanti sia le famiglie nel percorso di osservazione e collaborazione.

Lo spettro autistico comprende una vasta gamma di capacità e necessità: alcuni studenti possono avere competenze accademiche elevate ma incontrare difficoltà significative nelle interazioni sociali, nella gestione delle emozioni o nell'adattamento a situazioni impreviste. Altri, invece, possono presentare sfide nell'apprendimento stesso e beneficiare di strategie che semplificano il carico cognitivo e le modalità di verifica. I modelli di PDP proposti coprono queste diverse esigenze, offrendo una gamma di adattamenti utili da selezionare in base alle aree in cui lo studente richiede supporto.

Per gli studenti certificati, il **PEI** rappresenta il documento fondamentale redatto in sede di **GLO (Gruppo di Lavoro Operativo per l'Inclusione)**. Rispetto al PDP, il PEI tiene conto di un piano più ampio che comprende non solo aspetti didattici ma anche obiettivi trasversali, di autonomia personale e sociale. È uno strumento essenziale per costruire un percorso educativo che tenga conto della complessità dello spettro autistico, promuovendo il benessere, l'inclusione e il raggiungimento degli obiettivi curricolari o differenziati.

I modelli presenti in questa appendice sono stati pensati per essere strumenti pratici e personalizzabili, utili sia agli insegnanti che ai coordinatori del GLO. Dopo la sezione dedicata ai modelli di PDP, troverai un esempio di PEI strutturato per adattarsi a studenti con autismo, con focus sulle aree fondamentali: apprendimento, socialità, comunicazione e autonomia.

Nota: I modelli forniti sono esempi da adattare alla specificità di ogni studente e del contesto scolastico. Ricorda che l'osservazione, il dialogo con le famiglie e la collaborazione interdisciplinare sono alla base di un piano educativo efficace.

– Modelli di PDP –

Italiano

Strategie metodologiche e didattiche

- Utilizzo di letture guidate arricchite da immagini e simboli per migliorare la comprensione.
- Divisione dei testi in sezioni brevi con spiegazioni semplificate per agevolare l'elaborazione delle informazioni.
- Attività di analisi del testo con domande chiuse e opzioni visive per facilitare la risposta.
- Esercizi di scrittura strutturati con modelli di riferimento chiari e feedback immediato.
- Attività di espressione orale facoltativa, con utilizzo di strumenti di supporto (es. schede di risposta).

Misure dispensative

- Riduzione del numero di esercizi scritti e complessità degli stessi, adattandoli alle capacità dell'alunno.
- Dispensa dalla lettura ad alta voce in classe, se crea disagio o ansia.
- Esenzione dalla scrittura manuale prolungata, favorendo strumenti alternativi come il computer.

Strumenti compensativi

- Uso di mappe concettuali, schemi visivi e immagini per rappresentare i concetti principali dei testi.
- Audiolibri o registrazioni degli insegnanti per supportare la lettura e la comprensione autonoma.
- Schede strutturate con esempi di risposte per esercizi di comprensione o scrittura.
- Software di videoscrittura con correttore automatico per facilitare la produzione scritta.

Modalità di verifica e valutazione

- Concordare con l'alunno i contenuti minimi richiesti nelle verifiche, per ridurre l'ansia da prestazione.
- Verifiche orali come alternativa o compensazione per quelle scritte.
- Tempi supplementari per la stesura di testi o risposte complesse.
- Valutazioni suddivise in più fasi per evitare sovraccarichi cognitivi.
- Flessibilità nella forma delle risposte (orale, scritta breve, a scelta multipla) per rispettare le preferenze dell'alunno.

Storia

Strategie metodologiche e didattiche

- Presentazione degli argomenti con l'ausilio di linee del tempo visive e mappe concettuali.
- Suddivisione degli eventi storici in sequenze logiche e cronologiche facilmente comprensibili.
- Utilizzo di video, immagini e strumenti multimediali per contestualizzare gli avvenimenti storici.
- Proposte di attività pratiche, come schede di collegamento causa-effetto o confronto tra eventi.
- Favorire discussioni in piccolo gruppo con domande guidate e opzioni di risposta semplificate.

Misure dispensative

- Riduzione del carico di lettura e analisi di testi storici complessi.
- Dispensa dalla memorizzazione di date e nomi non strettamente essenziali.

- Esenzione dalla partecipazione a interrogazioni tradizionali, se fonte di stress.

Strumenti compensativi

- Mappe concettuali con parole chiave e immagini per schematizzare i contenuti.
- Cronologie semplificate e illustrate per agevolare la comprensione temporale.
- Accesso a materiali digitali interattivi per esplorare gli argomenti in modo autonomo.
- Schede con riassunti visivi degli argomenti principali per facilitare il ripasso.

Modalità di verifica e valutazione

- Concordare con l'alunno i contenuti minimi richiesti nelle verifiche.
- Verifiche orali come alternativa o compensazione per quelle scritte.
- Utilizzo di verifiche con domande a risposta chiusa (vero/falso, scelta multipla) per semplificare l'elaborazione.
- Possibilità di consultare mappe concettuali o linee del tempo durante le verifiche.
- Valutazione di competenze pratiche, come la capacità di collegare eventi storici, anziché basarsi solo sulla memorizzazione.

Geografia

Strategie metodologiche e didattiche

- Introduzione di concetti geografici tramite mappe visive, immagini e video interattivi.

- Utilizzo di schemi e diagrammi per spiegare fenomeni geografici complessi.
- Attività pratiche, come costruzione di mappe tematiche o simulazioni di percorsi geografici.
- Proposte di giochi didattici per rafforzare la conoscenza di confini, capitali e ambienti naturali.
- Coinvolgimento attivo dell'alunno in attività di esplorazione virtuale (Google Earth, app tematiche).

Misure dispensative

- Dispensa dalla memorizzazione meccanica di elenchi, come capitali o dati numerici.
- Riduzione della quantità di lettura e analisi di testi descrittivi complessi.
- Esenzione dalla riproduzione a mano libera di mappe dettagliate.

Strumenti compensativi

- Mappe concettuali o semplificate per evidenziare i principali contenuti geografici.
- Uso di strumenti digitali e applicazioni per visualizzare mappe, grafici e dati geografici.
- Tabelle riassuntive con parole chiave per sintetizzare caratteristiche di regioni o paesi.
- Schede con riassunti visivi e paragrafi brevi per approfondimenti.

Modalità di verifica e valutazione

- Concordare con l'alunno i contenuti minimi richiesti nelle verifiche.
- Verifiche orali come alternativa o compensazione per quelle scritte.

- Possibilità di utilizzare mappe semplificate, appunti o schemi durante le verifiche.
- Attività pratiche, come il completamento di mappe già predisposte o esercizi guidati.
- Valutazione basata sulla comprensione di concetti geografici e abilità pratiche, piuttosto che sulla memorizzazione.

Matematica

Strategie metodologiche e didattiche

- Introduzione graduale di nuovi argomenti tramite esempi pratici e concreti.
- Uso di rappresentazioni visive come diagrammi, grafici, tabelle e schemi.
- Segmentazione degli esercizi in passaggi chiari e sequenziali, con spiegazioni passo-passo.
- Attività che coinvolgano materiali manipolativi (blocchi logici, oggetti concreti) per concetti astratti.
- Proposte di esercizi brevi e mirati, intervallati da pause per mantenere l'attenzione.

Misure dispensative

- Dispensa dal calcolo a mente, quando fonte di ansia o frustrazione.
- Riduzione della quantità di esercizi assegnati per evitare il sovraccarico cognitivo.
- Esenzione dalla copiatura di lunghi enunciati o operazioni complesse dalla lavagna.

Strumenti compensativi

- Utilizzo di calcolatrice e software didattici per agevolare il calcolo e la comprensione.

- Schede con formule e procedure semplificate da consultare durante le attività.
- Tabelle e griglie di riferimento per supportare la risoluzione di problemi matematici.
- Applicazioni o strumenti digitali interattivi per la visualizzazione dei concetti matematici.

<u>Modalità di verifica e valutazione</u>

- Concordare con l'alunno i contenuti minimi richiesti nelle verifiche.
- Verifiche orali come alternativa o compensazione per quelle scritte.
- Tempi più lunghi per la risoluzione di esercizi o problemi complessi.
- Possibilità di utilizzare schemi, tabelle o strumenti compensativi durante le prove.
- Valutazione focalizzata sulla comprensione dei procedimenti piuttosto che sul risultato finale.

Scienze

<u>Strategie metodologiche e didattiche</u>

- Utilizzo di esperimenti pratici e attività laboratoriali per favorire l'apprendimento esperienziale.
- Presentazione di contenuti attraverso video, immagini e modelli tridimensionali.
- Segmentazione delle lezioni in unità brevi con obiettivi chiari e definiti.
- Proposte di mappe concettuali per collegare i concetti chiave e facilitarne la comprensione.
- Attività di gruppo strutturate con ruoli definiti per promuovere la collaborazione e l'organizzazione.

Misure dispensative

- Dispensa dalla memorizzazione di termini scientifici complessi, se non indispensabili.
- Riduzione della quantità di contenuti da studiare, concentrandosi sui concetti fondamentali.
- Esenzione dalla compilazione di relazioni dettagliate su esperimenti o osservazioni.

Strumenti compensativi

- Schede riassuntive con i concetti principali e immagini esplicative.
- Accesso a video educativi o simulazioni digitali per visualizzare processi complessi.
- Tabelle e grafici già compilati per supportare l'interpretazione dei dati.
- Glossario illustrato di termini scientifici per facilitare la comprensione del linguaggio tecnico.

Modalità di verifica e valutazione

- Concordare con l'alunno i contenuti minimi richiesti nelle verifiche.
- Verifiche orali come alternativa o compensazione per quelle scritte.
- Tempi più lunghi per completare esperimenti, osservazioni o rispondere alle domande.
- Possibilità di utilizzare mappe concettuali e glossari durante le verifiche.
- Valutazione incentrata sulla capacità di comprendere e spiegare i concetti principali, piuttosto che sull'uso preciso di termini scientifici complessi.

Inglese e altre lingue straniere

Strategie metodologiche e didattiche

- Uso di immagini, video e supporti visivi per facilitare la comprensione del lessico e delle strutture grammaticali.
- Proposte di esercizi brevi e mirati, con obiettivi chiari e ben definiti.
- Utilizzo di dialoghi strutturati e attività guidate per esercitare la comunicazione orale.
- Assegnazione di attività di ascolto basate su materiali autentici adattati al livello dello studente.
- Supporto con traduzioni o frasi esempio per contestualizzare nuovi vocaboli o espressioni.

Misure dispensative

- Dispensa dalla lettura ad alta voce se fonte di ansia o disagio.
- Esenzione dalla memorizzazione di liste di vocaboli o regole grammaticali.
- Riduzione della lunghezza dei testi da leggere o tradurre, concentrandosi sui concetti fondamentali.

Strumenti compensativi

- Utilizzo di glossari bilingue semplificati o visivi per il supporto lessicale.
- Accesso a traduttori digitali o dizionari online per favorire l'autonomia.
- Uso di mappe concettuali o schede con le regole grammaticali e sintattiche principali.
- Materiale audio con velocità ridotta per facilitare l'ascolto e la comprensione.

Modalità di verifica e valutazione

- Concordare con l'alunno i contenuti minimi richiesti nelle verifiche.
- Verifiche orali come alternativa o compensazione per quelle scritte.
- Possibilità di completare esercizi di traduzione o scrittura con frasi brevi e guidate.
- Tempi più lunghi per completare le prove e possibilità di utilizzare glossari o mappe concettuali.
- Valutazione focalizzata sulla comprensione e sull'uso pratico della lingua, piuttosto che sulla correttezza grammaticale rigorosa.

Tecnologia

Strategie metodologiche e didattiche

- Suddivisione delle attività in passaggi semplici e sequenziali con istruzioni chiare e visive.
- Utilizzo di materiali pratici o dimostrativi per facilitare la comprensione dei concetti tecnici.
- Supporto con schemi, diagrammi e immagini per spiegare processi o funzionamento di strumenti.
- Attività laboratoriali con affiancamento, per rinforzare le competenze pratiche e manuali.
- Proposte di esercizi individualizzati, che tengano conto delle abilità e degli interessi dello studente.

Misure dispensative

- Dispensa dalla partecipazione a lavori di gruppo complessi se fonte di disagio sociale.

- Esenzione dall'utilizzo di strumenti tecnici avanzati o potenzialmente pericolosi, se non supervisionato adeguatamente.
- Riduzione del numero di passaggi richiesti nelle attività pratiche, concentrandosi sugli aspetti principali.

Strumenti compensativi

- Accesso a tutorial video o dimostrazioni passo-passo per la realizzazione di progetti.
- Schede sintetiche con spiegazioni grafiche dei concetti e delle attività.
- Utilizzo di software didattici o simulazioni digitali per esplorare processi tecnici.
- Fornitura di materiali preassemblati o semplificati per progetti pratici, per favorire il completamento.

Modalità di verifica e valutazione

- Concordare con l'alunno i contenuti minimi richiesti nelle verifiche.
- Valutazione basata sull'impegno e sul processo, più che sul risultato finale del progetto.
- Possibilità di eseguire verifiche orali per spiegare processi tecnici, invece di elaborati scritti complessi.
- Tempi estesi per completare attività pratiche e verifiche.
- Utilizzo di supporti visivi o materiali compensativi durante le prove, per favorire l'autonomia.

Arte e immagine

Strategie metodologiche e didattiche

- Proposte di attività artistiche con istruzioni chiare e modelli visivi di riferimento.

- Suddivisione dei progetti in passaggi semplici e graduali per favorire la comprensione e la gestione.
- Utilizzo di materiali e tecniche che permettano libertà espressiva, rispettando le preferenze dello studente.
- Attività individuali, ma con opportunità di confronto strutturato, per incoraggiare la condivisione senza forzare interazioni.
- Sviluppo di esercizi che includano elementi di routine e prevedibilità, per creare un ambiente rassicurante.

Misure dispensative

- Dispensa dalla partecipazione a progetti di gruppo complessi o eccessivamente dinamici.
- Esenzione da attività che richiedono particolari abilità motorie fini, se fonte di frustrazione.
- Riduzione delle aspettative riguardo al completamento di lavori artistici in un'unica sessione.

Strumenti compensativi

- Modelli visivi e guide passo-passo per la realizzazione di elaborati artistici.
- Utilizzo di strumenti alternativi per semplificare il lavoro (ad esempio, stampini, stencil, programmi di disegno digitale).
- Accesso a materiali che supportino le caratteristiche sensoriali dello studente, come texture preferite o colori calmanti.
- Fornitura di esempi precompilati per stimolare idee e facilitare la partenza del lavoro.

Modalità di verifica e valutazione

- Valutazione basata su processo creativo, impegno e capacità di seguire le istruzioni, piuttosto che sul risultato estetico.
- Possibilità di spiegare oralmente le scelte artistiche e i processi seguiti, come alternativa a una relazione scritta.

- Concordare con l'alunno gli obiettivi minimi e adattare la complessità delle attività in base alle sue capacità.
- Fornitura di tempi più lunghi per il completamento dei lavori artistici, se necessario.
- Riconoscimento e valorizzazione dell'espressione personale, indipendentemente dalla qualità tecnica.

Educazione musicale

Strategie metodologiche e didattiche

- Utilizzo di attività musicali strutturate con supporti visivi e auditivi per facilitare la comprensione.
- Introduzione graduale a nuovi concetti musicali con esempi pratici e ripetizioni frequenti.
- Insegnamento tramite attività pratiche individuali, come suonare strumenti semplici o utilizzare software musicali, per evitare pressioni sociali in attività di gruppo.
- Approccio multisensoriale che integra ascolto, movimento e creazione per stimolare diversi canali di apprendimento.
- Suddivisione delle lezioni in momenti chiari e prevedibili, con pause tra le attività per evitare sovraccarico sensoriale.

Misure dispensative

- Dispensa dalla partecipazione a prove di gruppo in cui il livello di interazione sociale è elevato, favorendo attività individuali o in piccoli gruppi.
- Esenzione da attività di lettura musicale se particolarmente complesse o se richiedono memorizzazione meccanica di note o ritmi.
- Riduzione del tempo dedicato all'apprendimento di brani musicali complessi, con la possibilità di lavorare su porzioni più brevi o semplificate.

Strumenti compensativi

- Utilizzo di dispositivi elettronici per l'ascolto e la riproduzione musicale, che possono supportare l'alunno nell'apprendimento dei brani e nelle attività di ascolto.
- Supporto visivo con schede o partiture semplificate per aiutare nell'apprendimento dei brani.
- Software e applicazioni che permettono la creazione musicale digitale, offrendo alternative alla musica tradizionale.
- Strumenti musicali adattati, se necessari, per facilitare l'espressione musicale e l'inclusione nelle attività.

Modalità di verifica e valutazione

- Valutazione basata sullo sviluppo delle capacità musicali, considerando l'impegno e il processo piuttosto che il risultato finale.
- Verifiche orali o pratiche che permettano di esprimere la propria comprensione e abilità senza la necessità di prove scritte.
- Concordare con l'alunno gli obiettivi minimi richiesti, adattandoli alle sue capacità e ai suoi tempi di apprendimento.
- Tempi più lunghi per la realizzazione di esercizi pratici o la memorizzazione di brani musicali.
- Valutazione dell'impegno e dell'espressione personale, premiare la partecipazione anche in assenza di perfezione tecnica.

Educazione fisica

Strategie metodologiche e didattiche

- Attività fisiche strutturate e graduali, con spiegazioni chiare e passo dopo passo per facilitare la comprensione e la partecipazione.

- Utilizzo di supporti visivi, come dimostrazioni video o immagini, per chiarire i movimenti e le tecniche.
- Suddivisione degli esercizi in fasi brevi per evitare il sovraccarico sensoriale e il rischio di ansia da prestazione.
- Favorire attività che incoraggino la partecipazione individuale e in piccoli gruppi, limitando il coinvolgimento in situazioni di gruppo troppo competitive o caotiche.
- Creazione di routine prevedibili, in modo che l'alunno possa anticipare i cambiamenti e affrontare meglio la lezione.

Misure dispensative

- Dispensa dalla partecipazione a competizioni o attività che richiedono un'elevata interazione sociale o prestazioni di gruppo.
- Esenzione da attività che comportano situazioni di stress, come prove fisiche di grande impegno o situazioni che potrebbero innescare ansia o frustrazione.
- Riduzione della durata di alcune attività fisiche, con possibilità di pause frequenti per evitare il sovraccarico fisico o sensoriale.

Strumenti compensativi

- Utilizzo di attrezzature e materiali adattati, come palloni più morbidi o dispositivi per facilitare il movimento, per rendere le attività più accessibili.
- Supporto visivo o segnali chiari (ad esempio, luci o cartelli) per indicare il cambio di attività o la fine di una sessione.
- Fornire feedback positivo immediato per rinforzare la partecipazione e l'impegno, evitando l'eccessiva focalizzazione sul risultato.
- Video tutorial o simulazioni per spiegare le tecniche in modo più chiaro e comprensibile.

Modalità di verifica e valutazione

- Valutazione del processo di apprendimento fisico, considerando l'impegno e la partecipazione piuttosto che i risultati tecnici.
- Verifiche pratiche che consentano di osservare il miglioramento progressivo delle abilità, con obiettivi chiari e raggiungibili.
- Concordare con l'alunno i contenuti minimi richiesti nelle verifiche, adattando le prestazioni in base alle sue possibilità e difficoltà.
- Tempi più lunghi per l'esecuzione di esercizi complessi o fisicamente impegnativi, per evitare frustrazione e favorire l'autonomia.
- Favorire la valutazione del comportamento, della motivazione e della partecipazione piuttosto che delle abilità fisiche finali.

Religione

Strategie metodologiche e didattiche

- Utilizzo di storie, narrazioni visive e attività pratiche per facilitare la comprensione dei concetti religiosi.
- Suddivisione dei temi complessi in parti più semplici e comprensibili.
- Attività in piccoli gruppi per favorire l'espressione personale e ridurre l'ansia.

Misure dispensative

- Dispensa dalla lettura di testi complessi e dalla partecipazione a dibattiti.
- Esenzione dalla partecipazione a discussioni o dibattiti che potrebbero risultare fonte di ansia o di confusione.
- Esenzione dalla memorizzazione di preghiere o testi sacri.

Strumenti compensativi

- Mappe concettuali e schemi visivi per rappresentare concetti chiave.
- Versioni digitali dei testi e uso di audiolibri per supportare la lettura.
- Schede di sintesi con parole chiave e immagini.

Modalità di verifica e valutazione

- Concordare contenuti minimi richiesti nelle verifiche e preferire verifiche orali.
- Valutazione dell'impegno e della partecipazione, con tempi più lunghi per le risposte.
- Semplificazione delle verifiche, concentrandosi sugli aspetti principali del programma.

– Modello di PEI –

Anno scolastico: [Indicare l'anno scolastico]
Studente: [Nome e cognome]
Classe: [Indicare la classe di appartenenza]
Istituto: [Nome della scuola]

1. Dati generali dello studente

- **Data di nascita:** [gg/mm/aaaa]
- **Certificazione diagnostica:** [Specifica del disturbo – indicare il riferimento alla diagnosi]
  Esempio: Disturbo dello spettro autistico, livello di supporto 2 secondo il DSM-5.
- **Ente certificatore:** [Indicare l'ASL o altro ente abilitato]
- **Data di certificazione:** [gg/mm/aaaa]
- **Piano terapeutico:** [Indicare eventuali interventi in corso: logopedia, terapia ABA, ecc.]

2. Partecipanti al GLO

- **Insegnante coordinatore:** [Nome e cognome]
- **Insegnanti curricolari:** [Nomi e cognomi]
- **Insegnante di sostegno:** [Nome e cognome]
- **Assistente educativo:** [Nome e cognome, se presente]
- **Famiglia:** [Nomi dei genitori o tutori]
- **Altri specialisti:** [Es. psicologo, terapista]
- **Data del GLO:** [gg/mm/aaaa]

Nota: *includere eventuali collaboratori esterni coinvolti regolarmente nel percorso educativo.*

3. Profilo di funzionamento dello studente

- **Punti di forza:**
  Esempio: buone abilità nella memorizzazione di informazioni visive, interesse per la tecnologia, capacità di seguire routine ben definite.
- **Aree di difficoltà:**
  Esempio: difficoltà nella regolazione emotiva, limitata flessibilità cognitiva, scarsa capacità di instaurare relazioni sociali spontanee.
- **Bisogni educativi:**
  Esempio: necessità di supporto strutturato per comprendere le consegne, strategie per ridurre l'ansia durante le verifiche.

4. Obiettivi generali e specifici

Obiettivi trasversali:

- Favorire lo sviluppo delle competenze sociali e comunicative.
  Esempio: partecipare ad attività di gruppo con un compagno di supporto.
- Promuovere l'autonomia personale e scolastica.
  Esempio: organizzare in modo autonomo il proprio materiale scolastico.
- Supportare la regolazione emotiva e comportamentale.
  Esempio: utilizzare tecniche di rilassamento apprese in contesti critici.

Obiettivi per aree disciplinari:

- **Italiano:** [Es. migliorare la comprensione del testo attraverso mappe concettuali]
- **Matematica:** [Es. consolidare le abilità logico-matematiche di base con strumenti compensativi]
- **Altre materie...**

5. Strategie e interventi didattici

- **Metodologie:**
  Esempio: utilizzo di materiali visivi, attività pratiche, didattica cooperativa.
- **Strumenti compensativi:**
  Esempio: mappe concettuali, tabelle riassuntive, software specifici.
- **Misure dispensative:**
  Esempio: riduzione del carico cognitivo, esonero da attività non essenziali.
- **Modalità di verifica:**
  Esempio: prove orali in alternativa a quelle scritte, utilizzo di supporti visivi.

Nota: *le misure indicate devono essere personalizzate in base alle necessità dello studente. Per i dettagli di strategie e interventi disciplinari, fare riferimento ai modelli di PDP di questa appendice.*

6. Interventi per l'autonomia e la socializzazione

- **Socializzazione:**
  Esempio: partecipare a lavori di gruppo con un ruolo definito, coinvolgimento in attività ludico-educative strutturate.
- **Autonomia personale:**
  Esempio: affiancamento iniziale nella gestione dell'agenda scolastica per poi favorire un'autonomia progressiva.
- **Regolazione emotiva:**
  Esempio: creazione di uno spazio sicuro in classe per momenti di decompressione.

7. Collaborazione scuola-famiglia

- **Comunicazione:** incontri periodici con la famiglia e con gli

specialisti.
- **Condivisione del piano:** consegna di aggiornamenti regolari sui progressi e sulle difficoltà riscontrate.
- **Coinvolgimento:** suggerimenti pratici per rinforzare a casa le competenze apprese a scuola.

Nota: la famiglia deve essere parte attiva nella definizione e nel monitoraggio del PEI.

8. Verifica e monitoraggio

- **Tempi di verifica:** valutazioni trimestrali con aggiornamenti intermedi.
- **Indicatori di successo:** grado di raggiungimento degli obiettivi, miglioramento nella partecipazione e nell'autonomia.
- **Documentazione:** relazioni periodiche e osservazioni strutturate.

Data di redazione del PEI: [gg/mm/aaaa]

Firme dei partecipanti: [Spazio per firme di tutti i membri del GLO]

Modelli di lettere ai genitori

La collaborazione tra scuola e famiglia è fondamentale per il successo educativo degli studenti con autismo. Questa appendice propone modelli di lettere pensati per facilitare il dialogo con i genitori e mantenere una comunicazione costante e trasparente. Le lettere forniscono aggiornamenti sui progressi, notificano eventuali difficoltà o proposte di intervento, e invitano i genitori a partecipare attivamente alla definizione e al monitoraggio del percorso scolastico.

Ogni modello è personalizzabile in base alle esigenze specifiche dello studente, tenendo conto della diversità dei profili dello spettro autistico, che può includere sia studenti con difficoltà significative sia quelli con abilità accademiche elevate. L'obiettivo è favorire una comunicazione positiva, mirata a creare un ambiente educativo inclusivo e di supporto.

1. Comunicazione iniziale sul piano di intervento

<u>Oggetto</u>

Presentazione del piano di intervento personalizzato per [Nome Studente]

<u>Contenuto</u>

Gentili [Nome dei genitori],

vi informiamo che, sulla base delle osservazioni e delle necessità emerse, abbiamo elaborato un piano di intervento personalizzato per [Nome Studente]. Il piano mira a rispondere alle sue specifiche esigenze, promuovendo il benessere e il successo scolastico attraverso strategie mirate e adattamenti individualizzati.

Saremmo lieti di presentarvi i dettagli del piano di intervento personalizzato in un incontro dedicato, durante il quale potrete condividere il vostro punto di vista e fornirci ulteriori suggerimenti. Restiamo a disposizione per qualsiasi chiarimento.

Cordiali saluti,
[Nome e cognome del coordinatore]

2. Aggiornamento periodico sui progressi

Oggetto

Aggiornamento sul percorso scolastico di [Nome Studente]

Contenuto

Gentili [Nome dei genitori],

con questa lettera desideriamo aggiornarvi sui progressi di [Nome Studente]. Negli ultimi mesi, abbiamo riscontrato [breve descrizione dei progressi e/o delle difficoltà].

In alcuni casi, abbiamo adattato il piano educativo per rispondere meglio alle sue esigenze. In allegato trovate alcuni suggerimenti utili per rafforzare il lavoro svolto a scuola anche a casa.

Siamo a disposizione per eventuali approfondimenti.

Cordiali saluti,
[Nome e cognome del coordinatore]

3. Notifica di difficoltà specifiche riscontrate

<u>Oggetto</u>

Osservazioni su alcune difficoltà di [Nome Studente]

<u>Contenuto</u>

Gentili [Nome dei genitori],

vi contattiamo per informarvi che recentemente [Nome Studente] ha incontrato alcune difficoltà nel percorso scolastico. In particolare, abbiamo notato [descrizione breve delle difficoltà, ad esempio socializzazione, gestione sensoriale, attenzione].

Abbiamo avviato interventi mirati per supportarlo/a in queste aree, ma riteniamo importante condividere con voi le nostre osservazioni e valutare insieme ulteriori strategie. Vi invitiamo a contattarci per concordare un incontro.

Cordiali saluti,
[Nome e cognome del coordinatore]

4. Richiesta di collaborazione per attività di supporto

Oggetto

Proposte di attività di supporto per [Nome Studente]

Contenuto

Gentili [Nome dei genitori],

nell'ambito del percorso personalizzato di [Nome Studente], vi proponiamo alcune attività che potrebbero essere utili anche a casa per favorire il suo apprendimento e benessere. Ad esempio, [descrizione breve delle attività, come giochi di ruolo per la socialità o esercizi di rilassamento sensoriale].

Siamo disponibili a fornirvi materiale aggiuntivo o a discutere insieme altre possibili attività.

Cordiali saluti,
[Nome e cognome del coordinatore]

5. Chiusura anno scolastico e valutazione finale

Oggetto

Riepilogo del percorso scolastico di [Nome Studente]

Contenuto

Gentili [Nome dei genitori],

con l'anno scolastico che si conclude, desideriamo condividere un riepilogo del percorso di [Nome Studente]. Durante l'anno, ha dimostrato [breve sintesi dei progressi raggiunti e delle difficoltà ancora presenti].

Vi ringraziamo per il vostro costante supporto e collaborazione. Se lo desiderate, possiamo fornirvi alcune indicazioni per attività estive utili al consolidamento delle competenze.

Cordiali saluti,
[Nome e cognome del coordinatore]

Relazione preliminare per richiesta di valutazione specialistica

Questa relazione ha l'obiettivo di fornire ai genitori una documentazione strutturata delle osservazioni effettuate dai docenti, evidenziando le difficoltà che potrebbero suggerire l'opportunità di una valutazione specialistica per comprendere meglio le esigenze dello studente. Si tratta di un supporto per individuare eventuali Bisogni Educativi Speciali (BES) legati a caratteristiche che potrebbero rientrare nello spettro autistico, qualora non sia già presente una diagnosi.

Il documento non intende sostituirsi a una diagnosi clinica, ma vuole offrire un quadro oggettivo delle osservazioni fatte in classe, facilitando la comprensione delle sfide dello studente e promuovendo una collaborazione costruttiva tra scuola e famiglia.

Gentili Signori [Cognome dei Genitori],

vi scrivo per condividere alcune osservazioni relative al percorso scolastico di [Nome dello Studente]. Il nostro intento è quello di assicurare che ogni possibile risorsa venga utilizzata per favorire il suo benessere e il successo scolastico.

Negli ultimi mesi abbiamo notato alcune difficoltà che meritano attenzione e che potrebbero suggerire la necessità di un approfondimento specialistico. Di seguito vi presento un resoconto strutturato delle principali aree di osservazione:

1. Osservazioni generali

- **Comportamento in classe:**
  [Nome dello Studente] presenta [esempio: difficoltà a seguire le istruzioni in modo flessibile, comportamenti ripetitivi o resistenza ai cambiamenti nella routine].

- **Interazione con i compagni:**
  Abbiamo osservato che [Nome dello Studente] tende a [esempio: isolarsi durante le attività di gruppo, evitare il contatto con i compagni, oppure presentare difficoltà nella comprensione delle regole sociali].

- **Relazione con gli insegnanti:**
  Durante le interazioni, [esempio: il comportamento di [Nome dello Studente] è caratterizzato da risposte verbali o non verbali non sempre adeguate al contesto, come un'eccessiva rigidità o la difficoltà a interpretare il tono e le intenzioni dell'insegnante].

2. Difficoltà nell'area cognitiva e di apprendimento

- **Capacità di concentrazione e attenzione:**
  [Esempio: [Nome dello Studente] mostra difficoltà a mantenere l'attenzione su compiti complessi o che richiedono un alto livello di

flessibilità cognitiva. La concentrazione risulta migliore quando il compito è ripetitivo o ben strutturato].

- **Apprendimento di nuovi concetti:**
[Esempio: l'apprendimento risulta efficace quando le istruzioni sono fornite in modo chiaro, concreto e prevedibile. Tuttavia, [Nome dello Studente] fatica a generalizzare ciò che apprende a nuovi contesti].

3. Difficoltà nell'area comportamentale ed emotiva

- **Sensibilità sensoriale:**
Abbiamo notato che [Nome dello Studente] sembra reagire in modo intenso a [esempio: rumori forti, luci intense o cambiamenti improvvisi nell'ambiente].

- **Gestione delle emozioni:**
[Esempio: in situazioni di stress o cambiamenti improvvisi, [Nome dello Studente] può manifestare reazioni emotive marcate, come [specificare esempi]].

- **Interessi specifici:**
[Esempio: [Nome dello Studente] mostra un interesse marcato per [specificare se rilevante, ad esempio: un argomento o un'attività specifica], spesso con un livello di dettaglio e intensità superiori alla media dei compagni].

Sintesi delle difficoltà riscontrate

In sintesi, le osservazioni in classe evidenziano che [Nome dello Studente] presenta difficoltà significative in [elenco delle aree principali, ad esempio: interazione sociale, flessibilità cognitiva, gestione delle emozioni], che possono influenzare il suo apprendimento e la partecipazione alle attività scolastiche.

Conclusioni e raccomandazioni

- **Raccomandazione per una valutazione specialistica:**

Alla luce delle osservazioni riportate, riteniamo utile considerare una valutazione specialistica per approfondire le problematiche descritte e identificare strategie adeguate per il supporto di [Nome dello Studente].

- **Strategie a breve:**
  In attesa della valutazione, proponiamo [esempi: adottare una routine prevedibile, fornire istruzioni chiare e concise, limitare stimoli sensoriali intensi, offrire momenti di pausa strutturati].

Siamo disponibili per discutere insieme i passi successivi e collaborare per garantire il miglior supporto possibile a [Nome dello Studente].

Cordiali saluti,
[Nome e cognome del coordinatore]

L'alunno con autismo [Cap. 1]

COMPORTAMENTO TIPICO	SEGNALI
Difficoltà nella comunicazione e socialità	*Difficoltà nella conversazione, nel contatto visivo e nella comprensione di segnali sociali; interpretazioni letterali.*
Rigidità e resistenza ai cambiamenti	*Reazioni intense ai cambiamenti; preferenza per routine rigide.*
Sensibilità sensoriale	*Reazioni marcate a stimoli come luci intense, rumori forti o texture particolari.*
Focalizzazione e stereotipie	*Interesse intenso e specifico su un argomento; esecuzione di movimenti o azioni ripetitive.*
Difficoltà nella gestione emotiva	*Crisi di pianto, rabbia o chiusura in situazioni di stress o sovraccarico sensoriale.*

Strategie didattiche e pratiche [Cap. 2]

STRATEGIE DI CLASSE: AMBIENTE INCLUSIVO	
Disposizione degli spazi	*Creare aree definite (lavoro, gruppo, relax) e una postazione tranquilla per ridurre distrazioni e sovraccarico sensoriale.*
Routine prevedibili	*Usare orari visivi con immagini/simboli per indicare le attività; annunciare le transizioni in anticipo.*
Riduzione degli stimoli sensoriali	*Limitare decorazioni vivaci, ridurre rumori con tappeti o pannelli, consentire cuffie antirumore.*
Spazi relax	*Allestire una zona rilassamento con cuscini, oggetti antistress o strumenti sensoriali, accessibile a tutti.*
Supporti per l'autoregolazione	*Introdurre tecniche come respirazione profonda o mindfulness; fornire una "scala delle emozioni" con immagini per riconoscere e gestire stati emotivi.*

Pause strutturate	*Prevedere brevi pause per rilassamento o movimento; includere attività sensoriali o motorie.*

STRATEGIE SPECIFICHE PER IL DISTURBO	
Insegnare competenze socio-comunicative	*Utilizzare role-playing per praticare interazioni sociali, insegnare abilità comunicative verbali e non verbali.*
Esempi di regole e aspettative sociali	*Fornire esempi concreti di regole sociali e spiegare chiaramente le aspettative comportamentali.*
Supporti visivi e attività suddivise	*Suddividere i compiti in passi più piccoli e usare checklist e timer visivi per guidare e ridurre l'ansia.*
Adattamenti per la comprensione	*Fornire istruzioni chiare e semplici, con esempi pratici, per migliorare la comprensione.*
Organizzazione di spazio e lavoro	*Creare uno spazio strutturato con agende visive e mappe temporali per migliorare l'organizzazione.*
Rinforzi positivi	*Premiare i comportamenti appropriati per motivare l'alunno a completare le attività.*

Strumenti compensativi *[Cap. 3]*

STRUMENTO	DESCRIZIONE
Agende visive	*Strutturano la giornata scolastica, aiutando a ridurre l'ansia e a gestire le transizioni tra attività.*
Timer visivi	*Mostrano il tempo rimanente per un'attività, riducendo l'ansia e migliorando la gestione del tempo.*
Checklist	*Suddividono i compiti complessi in passaggi semplici, migliorando l'organizzazione e il senso di progresso.*
Planner settimanali	*Offrono una visione delle attività della settimana, promuovono la pianificazione e riducono il sovraccarico.*
Contenitori etichettati	*Aiutano a organizzare fisicamente il materiale scolastico con etichette chiare, riducendo il disordine e l'ansia.*
App competenze sociali	*Forniscono scenari visivi e interattivi per migliorare le competenze sociali e ridurre l'ansia in situazioni nuove.*
App competenze comunicative	*Supportano lo sviluppo del linguaggio verbale attraverso attività ludiche e interattive.*
Software di gestione tempo	*Favoriscono l'organizzazione delle attività, aumentando l'autonomia e la concentrazione.*

Piattaforme di apprendimento	*Offrono esercizi interattivi con feedback immediato per un apprendimento autonomo e strutturato.*

In pratica – cosa fare quando... *[Cap. 4]*

DIFFICOLTÀ NELLA COMUNICAZIONE E SOCIALITÀ	
Interazioni strutturate	*Creare opportunità di interazione con giochi o attività con regole chiare e un coinvolgimento minimo.*
Mediatori sociali	*Favorire l'interazione con compagni empatici che possano agevolare la comunicazione senza forzature.*
Scenari simulati	*Esplicitare le regole sociali tramite scenari simulati o storie sociali.*
Rinforzi positivi	*Premiare i comportamenti sociali appropriati, anche con semplici elogi o premi simbolici.*

RIGIDITÀ E RESISTENZA AI CAMBIAMENTI	
Anticipazione	*Anticipare modifiche alla routine con strumenti visivi come calendari o schede.*
Variazioni graduali	*Introdurre variazioni graduali, iniziando da piccoli cambiamenti.*
Routine della flessibilità	*Creare una routine con scelte controllate per allenare la flessibilità.*
Punti di riferimento visivi	*Usare immagini, simboli, o oggetti familiari per orientarsi durante transizioni e cambiamenti.*

SENSIBILITÀ SENSORIALE	
Identificazione	*Identificare i fattori scatenanti e ridurli ove possibile.*
Strumenti di regolazione	*Fornire strumenti come cuffie antirumore o oggetti sensoriali.*
Spazi di decompressione	*Allestire un angolo tranquillo dove ritrovare la calma durante momenti di sovraccarico.*

FOCALIZZAZIONE E STEREOTIPIE	
Alternative sensoriali	*Proporre attività o oggetti che forniscono una stimolazione simile ma meno invasiva.*
Ambiente rilassante	*Ridurre fattori di stress e sovraccarichi sensoriali nell'ambiente per prevenire il comportamento.*

DIFFICOLTÀ NELLA GESTIONE EMOTIVA	
Prevenzione	*Riconoscere i segnali precoci di stress e intervenire prima della crisi.*
Spazio sicuro	*Creare uno spazio tranquillo dove calmarsi.*
Espressione emotiva	*Offrire strumenti per esprimere emozioni, come la ruota delle emozioni.*
Comunicazione rassicurante	*Usare un tono rassicurante per ridurre l'escalation emotiva e fornire un punto di riferimento stabile.*

Collaborazione con famiglie ed educatori *[Cap. 5]*

COLLABORAZIONE CON LE FAMIGLIE	
Colloqui regolari	*Dialogo costante con incontri periodici per condividere progressi, difficoltà e suggerimenti.*
Comunicazione empatica	*Utilizzare un linguaggio chiaro e rispettoso, bilanciando punti di forza e criticità dello studente.*
Strumenti pratici	*Introdurre un diario condiviso o email per uno scambio continuo di informazioni.*
Strategie condivise	*Suggerire ai genitori interventi scolastici replicabili a casa, come routine o segnali visivi.*
Partnership attiva	*Coinvolgere i genitori nella definizione degli obiettivi educativi e accogliere i loro suggerimenti.*

COLLABORAZIONE CON COLLEGHI E SPECIALISTI	
Condivisione di osservazioni	*Scambiarsi informazioni tra colleghi per costruire una visione completa delle necessità dello studente.*
Documentazione condivisa	*Usare report e schede di osservazione per tracciare i progressi e garantire comunicazioni efficaci.*
Adattamento delle strategie	*Discutere e perfezionare gli approcci tra colleghi per renderli più mirati e funzionali.*
Collaborazione con specialisti	*Facilitare il dialogo con esperti esterni per personalizzare gli interventi e garantire continuità.*
Clima positivo	*Valorizzare il contributo di tutti, incoraggiando un lavoro di squadra costruttivo.*

Ottieni
il tuo regalo

Per ringraziarti di questo viaggio insieme nel mondo dell'autismo a scuola, ho preparato per te un bonus speciale per supportarti nella pratica quotidiana:

- Guida lampo AUTISMO -

Un'infografica compatta, completa e stampabile,
per avere sempre a portata di mano
un concentrato di strategie pratiche per l'autismo.

Segui il link per scaricarla:

https://subscribepage.io/6XUz8G

<u>Colleziona tutte le guide lampo</u>
<u>della collana BES di DinamicaMente!</u>

Ogni volume della collana include una nuova infografica, che insieme alle altre crea un **compendio pratico e completo per gestire i BES in classe.**

Ringraziamenti

Un grazie profondo e sincero va a tutte le famiglie che, giorno dopo giorno, condividono il loro cammino, fatto di impegno, amore e coraggio. Questo libro nasce anche dalla vostra determinazione a costruire ponti tra casa e scuola, tra cuore e apprendimento.

Ringrazio gli insegnanti, educatori e specialisti che ogni giorno si pongono domande, cercano risposte e trasformano gli ostacoli in opportunità. È nel vostro lavoro silenzioso e paziente che trova radici la vera inclusione.

Un pensiero speciale è per i ragazzi e le ragazze nello spettro autistico: la vostra unicità illumina ogni strada che percorrete. Le vostre prospettive e le vostre sfide ci insegnano a guardare il mondo con occhi nuovi, più aperti e consapevoli.

Questo libro è anche un tributo alla collaborazione. Senza l'apporto di chi lavora nella ricerca e nell'educazione speciale, le strategie, gli strumenti e le intuizioni che riempiono queste pagine non avrebbero preso forma.

Infine, grazie a te, lettore o lettrice. Ogni tua azione, ogni tentativo di capire e migliorare, è un passo verso una scuola più accogliente e giusta. Sei parte di un cambiamento che non finisce mai di crescere.

"Ogni porta che apriamo
ci avvicina a nuove possibilità.
Con fiducia, ogni passo ci guida
verso un futuro di crescita e scoperta."